스스로 공황을 극복하는 10가지 방법

10 Simple Solutions to Panic
How to Overcome Panic Attacks, Calm Physical Symptoms
& Reclaim Your Life

마틴 M. 안토니
랜디 맥케이브
지음

전미애
옮김

스스로
공황을 극복하는
10가지
방법

사회평론아카데미

스스로
공황을 극복하는
10가지 방법

2020년 6월 1일 초판 1쇄 인쇄
2020년 6월 10일 초판 1쇄 발행

지은이 마틴 M. 안토니, 랜디 맥케이브
옮긴이 전미애
펴낸이 윤철호·고하영

책임편집 임현규
편집 최세정·정세민·김혜림·김채린·김은규
디자인 김진운
본문조판 민들레
마케팅 최민규

펴낸곳 (주)사회평론아카데미
등록번호 2013-000247(2013년 8월 23일)
전화 02-326-1545
팩스 02-326-1626
주소 03993 서울특별시 마포구 월드컵북로6길 56
이메일 academy@sapyoung.com
홈페이지 www.sapyoung.com

ISBN 979-11-89946-60-9 03180

앤터니 박사와 맥케이브 박사는 공황장애 치료에 대한
과학적 치료기법을 심리학적 관점과 약물학적 관점에서
명쾌하게 제시했다. 이 책은
공황장애를 앓고 있는 이들을 위한 지침서일 뿐만 아니라
전문가들을 위한 훌륭한 참고서이기도 하다.

—

미셸 G. 크래스키
캘리포니아 대학교 로스앤젤레스 심리학과 교수

이 책은 공황장애의 취약한 특성을 잘 탐색하면서 개인이 스스로 자신의 삶에 적용해 볼 수 있는 구체적인 전략과 활동을 제시하고 있다. 특히 한국에서는 물론 현재 캐나다에서 심리치료 전문가로 오랜 임상 경험을 쌓아 온 역자는 원서의 전문용어들을 정확한 뜻을 살리면서도 일반인들이 이해하기 쉽게 잘 표현했다.

공황장애의 인지행동치료는 개인이 특정한 상황에서 느끼는 신체 감각과 생각, 감정, 그리고 이때 경험하는 공황발작에 대처하는 습관적인 행동들의 연관성을 살펴보고, 인지(사고)와 행동을 변화시켜 나갈 수 있도록 돕는 방법이다. 1980년대 후반부터 발전해 온 공황장애의 인지행동치료는, 최근 들어 전문가의 도움 없이도 큰 효과를 볼 수 있도록 돕기 위한 표준화된 자조 매뉴얼로 개발되어 왔다. 본인도 수십 년의 임상 활동에서 공황발작으로 고통을 받는 많은 내담자를 상담, 치료하면서 인지행동치료의 효과를 현실에서 목격하고 있지만, 일반인이 쉽게 이해하고 스스로 적용해 볼 수 있는 보조적인 매뉴얼이 있다면 하는 아쉬움이 늘 있었다. 이러한 때에 마침 좋은 치료 매뉴얼을 한국어로 만나게 될 수 있게 되어 기쁨을 금할 수 없다.

『스스로 공황을 극복하는 10가지 방법』은 공황으로 고통 받는 많은 사람들을 위해 자조 매뉴얼로 훌륭하게 쓰일 수 있음은 물론, 치료 현장에서 보조 매뉴얼을 필요로 하는 임상 및 상담 치료자들에게도 큰 도움이 되리라 생각된다. 또한 이 책은 공황장애를 이해하고자 하는 임상 및 상담 분야의 초보 치료자들이 전문적인 지식을 학습하는 데 있어서도 훌륭한 안내자의 역할을 할 것임을 믿어 의심치 않는다. 내담자와 주변의 많은 사람들에게 큰 이로움이 있기를 기대하면서, 번역에 힘써 준 전미애 선생님의 수고에 감사드린다.

영남대학교 심리학과 교수 김정모

최근 들어 공황장애 및 공황발작을 호소하는 내담자들이 부쩍 늘었다. 그것이 단독 공황발작(또는 장애)일 때도 있지만, 우울증이나 불안장애 같은 다른 심리장애와 중복되어 있는 경우가 많다. 간혹 공황발작을 경험한 지 얼마 되지 않아 치료실을 찾는 경우도 있지만, 자신의 증상이 공황인지도 모르고 오랜 시간을 보내며, 심리적 또는 실제적인 삶의 고통을 겪어 온 사람들도 드물지 않게 만난다.

공황장애 및 공황발작에 대한 지식을 갖는 것은 치료의 첫걸음이라 할 수 있다. 이 책은 오랜 연구와 임상경험을 통해 검증된 공황장애에 대한 과학적 치료기법들을 단계적으로 차근차근 설명하고 있다. 객관적으로 검증된 인지행동치료 기법을 익히고 스스로 꾸준히 실천해 나가면, 공황장애를 극복하고 자신의 삶을 재설계해 나갈 수 있을 것이다. 마지막 장에서 의학적 관점인 약물치료에 대한 안내도 자세히 다루었다.

독자들의 이해를 돕기 위해 원 출판사의 동의하에 한국의 통계 자료와 한국인의 공황장애 사례를 추가했고, 자조 매뉴얼로서의 활용도를 높이기 위해 치료활동의 형식을 약간 수정했다. 또한 원서에서는 독자가 직접 별도의 메모장을 준비해 기록하도록 하고 있으나, 한국어판에서는 이 책에서 제시하는 치료 활동들을 차례차례 따라하며 기록할 수 있는 부록을 준비해 독자의 번거로움을 덜었다. '내 일상을 되찾는 행복연습장'이라는 부록 제목처럼 공황의 공포에서 벗어나 일상을 되찾는 데 큰 도움이 되리라 믿는다.

마지막 교정을 꼼꼼히 함께 봐 준 사랑하는 딸 예현이에게 고마움을 전하고, 이 책이 나오기까지 애써주신 사회평론아카데미 임현규 편집자와 임직원들께 감사드린다.

옮긴이 전미애

차례

서론

공황발작은 세 명 중 한 명이 종종 경험하는[1] 보편적인 심리적 문제이다. '공황발작'이라는 용어는 1980년대 초까지만 해도 공식적으로 사용되지 않았지만,[2] 현대사회에서는 대중매체에 자주 등장할 정도로 아주 익숙한 용어이다. 미국의 유명 영화배우 킴 베이싱어, 가수이자 배우인 도니 오즈몬드, TV쇼 진행자인 윌러드 스콧뿐만 아니라 국내 이경규, 장나라, 차태현 같은 많은 연예인이 공황장애로 고충을 겪고 있음을 밝혔다. 실제로 미국동물병원협의회 사이트(www.healthypet.com)에 자주 올라오는 질문 중 하나가 "내 강아지가 공황발작을 일으키면 어떻게 해야 하나?"이다. 이 말은 애완견까지도 공황발작을 경험할 수 있다는 것이다.

기본적으로 공황발작은 강한 신체증상을 동반한 급작스런 공포이며, 대체로 특정한 상황에 의해 촉발된다. 예를 들어, 사람들 앞에서 발표할 때 불안을 경험한 사람들은 다수의 청중 앞에서 연설할 때 공항발작을 경험할 수 있다. 마찬가지로 고층빌딩에서 불안을 경험한 사람들은 종종 높은 곳에서 공황발작을 경험한다. 이 책은 이런 보편적인 상황에서 촉발되는 공황발작은 다루지 않고, **공황장애로 진단될** 만큼 예상치 않게 또는 '갑작스럽게' 발생하는 공황발작에 초점을 맞춘다.

공황장애는 뚜렷한 촉발요인이나 이유가 없는데도 공황발작을 경험하는 일종의 불안장애이다. 이 발작은 휴식 중이거나 침대에 누워 잠이 들려고 할 때를 막론하고 언제 어디에서나 발생할 수 있다. 가끔 극장이나 복잡한 버스 안처럼 **빠져나가기 힘든** 공공장소나 도피하기 어려운 상황에서 발생하기도 한다. 공황은 심장박동수의 증가나 식은땀, 어지럼증, 비현실감과 같은 전형적인 불안증상을 동반하기 때문에 심장마비, 뇌졸중, 기절 또는 정신줄을 놓거나 배변 실수를 하는 것 같은 통제 불능의 신호로 잘못 인식될 수 있다. 하지만 공황발작으로 인해 이런 통제 불능의 위험 상황이 실제로 일어날 확률은 거의 없다.

당신에게 이 책이 필요할까

다음의 질문에 대부분 '그렇다'라고 대답한다면, 이 책은 당신에게 도움이 될 것이다.

- 심장박동이 증가하고, 메스껍고, 숨이 막히고, 어지럼증 같은 불편한 신체증상을 동반하는, 갑작스럽게 다가오는 극심한 공포감을 경험한 적이 있는가?
- 불안을 느낄 상황이 전혀 아님에도 갑작스런 공포감을 경험한 적이 있는가?
- 언제 또 공황발작이 갑자기 들이닥칠지 몰라 걱정하는가?
- 공황발작으로 인해 생길 것 같은 나쁜 일들을 걱정하는가? 예를 들어, 공황발작 중에 죽거나 기절하거나 정신이 나가거나 통제력을 잃거나 토하거나 대소변 실수를 하거나 뇌졸중을 일으키거나 창피를 당할까 봐 걱정하는가?
- 공황발작이 일어났던 장소에 가는 것을 두려워하거나 피하는가? 공황발작을 피하기 위한 대비책을 세우는가?
- 공황발작과 불안한 상황을 회피하는 것 때문에 생활에 지장이 있는가? 예를 들어, 불안 상황에 대한 당신의 회피행동이 당신의 직장생활이나 취미활동 또는 대인관계에 부정적인 영향을 미치는가?

- 공황발작을 극복하기 위해 노력할 준비가 되어 있는가? 만약 너무 바쁘거나, 심한 우울증 또는 알코올중독이나 약물남용 같은 다른 문제 때문에 공황발작을 경험하고 있다면, 지금은 공황발작을 치료할 최적의 시간은 아니다.

실제로 얼마나 도움이 될까

다음은 이 책이 당신의 공황 극복에 도움이 될 이유들이다. 첫째, 이 책에서 설명한 치료기법들은 훈련받은 치료사를 통해 실시될 때뿐 아니라,[3] 자가치료 형태로 활용될 때에도 많은 사람에게 효과가 있었다는 것이 입증되었다.[4] 건강에 관한 책도 당신이 실제로 뭔가를 해야만 도움이 되는 것처럼, 이 책을 단순히 읽는 것만으로는 공황발작이 사라지지 않을 것이다. 최대한의 효과를 얻기 위해서는 이 책에서 설명한 기법들을 반복해서 연습해야 한다.

연구에 따르면 자가치료는 환자들이 의사나 전문 치료사를 가끔 만나서 얼마나 치료가 진척되었는지 상의하면서 진행할 때 훨씬 더 효과적이다.[5] 만약 당신이 이 기법들을 혼자 따라 하는 것이 어려우면 이따금 전문 치료사나 공황장애 치료 경험이 있는 의사와 상담을 하면서 훈련하는 것이 좋다.

이 책은 공황발작 극복을 위한 기본 원리에 관심이 있는 사람들을 위한 것이다. 이 책을 읽은 후, 더 많은 것을 배우고 싶은 사람들은 책 말미에 소개돼 있는 공황 극복에 관한 좋은 책들을 참고하기 바란다. 또는 인터넷을 통해 추가적인 치료를 받거나 가까운 곳에 있는 지지 집단에 합류하거나 또는 전문 치료사에게 도움을 받을 수 있다.

만약 전문적 치료를 원한다면 약물치료나 인지행동치료를 적극 추천한다. 이 책 전반에 걸쳐 설명했듯이, 이 두 방법은 효과가 입증된 주된 공황장애 치료기법이다. 공황장애 치료 전문가들에 관한 유용한 정보는 미국 불안장애협회(www.adaa.org)와 캐나다 불안장애협회(www.anxietycanada.ca)를 참고하기 바란다.*

이 책이 얇다고 해서 공황장애를 극복하는 일이 쉽고 단순하다고 생각하면 안 된다. 이 책을 한자리에 앉아 단숨에 읽었다 해도 공황발작은 하루아침에 사라지지 않는다. 여기에서 설명하는 전략들은 오랫동안, 최소한 몇 주에서 몇 달간 거의 매일 연습해야 한다. 그뿐만 아니라 당신의 치료가 얼마나 진척되었는지 세심하게 모니터링하는 것도 중요하다. 이 책에서 설명한 기법들을 연습할 때, 주어진 질문에 성실하게 대답을 기록해
......

---

* 한국에서는 한국임상심리학회(www.kcp.or.kr), 한국인지행동치료학회(www.kacbt.org), 한국상담심리학회(www.krcpa.or.kr)를 참고할 수 있다.

나가면 많은 도움이 될 것이다. 여기서 소개한 전략들을 어떻게 적용했는지를 스스로 세밀하게 관찰하며, 당신의 경험을 기록해야 한다. 그렇게 몇 주 또는 몇 달 동안 꾸준히 노력하면 당신의 불안이 상당히 감소된 것을 틀림없이 알게 될 것이다.

다행스럽게도 공황장애는 치료 가능성이 가장 높은 심리적 문제 중 하나이다. 이 책에서 설명한 전략들은 장기간에 걸쳐 상당히 많이 연구되어 왔고, 공황발작 및 불안 치료에 효과적이라는 것이 수많은 환자들을 통해 입증되어 왔다. 그러므로 이 책이 당신에게 도움이 되리라는 것을 믿어도 좋다.

01 당신의 공황발작과 공포를 이해하라

이 장의 목적은 공황 극복을 위한 준비 작업을 하는 것이다. 그러기 위해서는 공황발작이 무엇인지, '불안', '공황장애', '광장공포증'과 같은 관련 용어들이 정확히 무엇을 의미하는지 이해하는 것이 중요하다. 먼저 이 용어들의 정의를 살펴보고 공황발작과 공황장애의 특성, 원인과 검증된 치료기법에 대한 중요한 배경 정보들을 제공하겠다.

공포와 불안은 어떻게 다른가

일상에서 공포, 불안, 걱정, 공황 같은 용어들은 종종 혼용된다. 그러나 각각의 특징을 이해하기 위해 여기서는 이 용어들을 구분하겠다. 먼저 공포와 불안이 무엇인지 알아보자.

공포는 모든 사람이 경험하는 기본적인 정서이다. 이것은 즉각적 위험(지각된 즉각적인 위험)에 대한 반응으로서, 종종 '싸움 또는 도피' 반응이라고 일컬어진다. 사람들이 공포를 경험할 때, 자기 보호를 위해 신체적·정신적 자원들이 총동원되는데, 그 상황에서 도망을 치거나 위협에 공격적으로 반응함과 동시에 자신을 방어해야 하기 때문이다.

공포를 느낄 때 우리의 신체는 활성화된다. 우선, 심장은 혈액을 통해 충분한 산소를 신체의 각 부위로 보내기 위해 빠르게 뛴다. 호흡은 신속히 도망치는 데 필요한 추가적인 산소를 각 신체 부위로 공급하기 위해 더 거칠어지고 빨라진다. 더불어 땀을 배출함으로써 올라간 체온을 낮추어 좀 더 효과적으로 활동할 수 있게 한다. 공포는 신체적 변화와 함께 인지적 변화를 동반한다(여기서 '인지'는 '생각'을 뜻한다). 공포 상황에서 사람들은 오로지 위협의 원인에 집중하는 경향이 있는데, 이것은 그 순간 실제로 무슨 일이 일어나고 있는지를 생각할 수 없게 만든다. 공포는 그 상황을 빠져나가려는 도피 행동이나 공포감을 줄이기 위한 행동을 하려는 강한 욕구를 불러일으킨다.

불안은 공포와 관련이 있지만 이 둘은 중요한 차이가 있다. 불안은 보다 미래지향적이다. 공포는 즉각적인 위협(개로부터 공격당하는 상황 등)에 대한 반응인 반면에, 불안은 미래의 어떤 위협(곧 있을 시험에 대한 걱정 등)을 예견할 때 발생한다. 공포와 비교했을 때 불안은 더 생활 전반에서 경험하고, 설명하기 어렵고, 더 오래 지속되고, 서서히 나타난다. 우리가 불안을 느낄 때는 공포를 겪을 때 나타나는 증상들(예: 메스꺼움, 어지럼증)을 경험하기도 하지만, 불안의 일반적인 특징들은 대개 근육 긴장, 불면증, 미래에 대한 걱정 같은 것들이다.

공황발작은 어떻게 알 수 있는가

서론에서 설명했듯이 공황발작은 갑작스런 공포이다. 이것은 지각된 위협에 대한 즉각적인 반응이며, 강한 신체감각을 동반한다. 미국정신의학협회의 공식적인 정의에 따르면 공황발작은 다음 13가지 증상 중 최소 4개를 포함할 때 해당된다.[1]

1. 가슴 두근거림 또는 심장박동수 증가
2. 식은땀

3. 몸이 떨리거나 후들거림

4. 숨이 가쁘거나 답답한 느낌

5. 질식할 것 같은 느낌

6. 가슴통증 또는 불편감

7. 메스꺼움 또는 복부 불편감

8. 어지럽거나 불안정하거나 멍한 느낌이 들거나 쓰러질 것 같음

9. 한기가 들거나 화끈거리는 느낌

10. 감각이상(감각이 둔해지거나 따끔거리는 느낌)

11. 비현실감(현실이 아닌 것 같은 느낌) 또는 이인증*

12. 죽을 것 같은 공포

13. 스스로 통제할 수 없거나 미칠 것 같은 두려움

또한 보통 위의 증상들과 함께 시야가 흐려지거나 목이 조이는 것 같은 불편한 감각을 경험한다. 공황발작은 종종 몇 초 안에 최고조에 달하면서 그 강도가 매우 빠르게 상승한다. 공식적 정의에 따르면, 공황발작은 10분 이내에 최고조에 도달할 수 있으며, 보통 짧게는 몇 분, 길게는 한 시간까지 지속된다.

……

* 이인증(離人症, Depersonalization)은 자신의 몸과 마음이 분리되어 자아에 대한 인식을 잃어버리거나 외부 세계에 대해 실제 감각이 따르지 않는 병적인 상태를 일컫는다.

어떤 사람들은 공황발작이 몇 시간 또는 며칠 동안 지속된다고 말하지만, 이것은 진짜 발작이 아닐 수 있다. 대신에 이런 사람들은 하루에도 여러 번 공황발작을 경험하는데, 그 중간중간에 높은 불안을 경험하기도 한다.

공황장애란 무엇인가

공황장애는 뚜렷한 촉발요인이나 이유 없이 공황발작을 경험하는 일종의 불안장애이다. 어떤 경우에는 발작이 비교적 드물게(아마도 몇 달에 한 번씩) 일어나지만, 하루에 여러 번 발생하는 경우도 있다. 또 공황장애가 있는 사람들은 앞으로 일어날 공황발작을 두려워한다. 즉, 다음 발작이 언제 일어날지, 그 발작이 어떤 부정적인 결과를 초래할지를 걱정한다. 예를 들어 공황발작 동안 죽을까 봐, 통제력을 잃거나 미치거나 토하거나 설사를 하거나 기절할까 봐 걱정한다. 그들은 또한 공황발작에 대처하거나 발생 자체를 방지하기 위해 다른 행동을 취한다. 가장 전형적인 형태는 회피행동이며, 그 예는 다음과 같다.

- 약이나 돈, 휴대전화, 물 등 안전용품을 소지한다.
- 공황발작 때 경험하는 증상과 비슷한 신체적 각성을 유발

하는 활동(예: 운동이나 성생활)을 피한다.

- 집을 나설 때 누군가 함께 갈 것을 고집한다.
- 공황 느낌을 이겨내기 위해 술을 마신다.
- 카페인이나 알코올, 다른 약물 복용을 피한다.
- 맥박이나 혈압을 자주 확인한다.
- 증상에서 벗어나기 위해 주의를 다른 곳으로 돌린다(예: 지하철에서 책 읽기).
- 배우자나 파트너가 있는 곳을 항상 알려고 한다.
- 극장이나 식당에 갔을 때 출입문 옆에 앉는다.

공황장애 진단을 내리기 전에 어떤 신체적 질병이나 관련 약물들로 인해 유발된 공황증상을 배제하는 것이 중요하다. 불안과 공황증상을 촉발할 수 있는 질병으로는 갑상선 문제, 균형 감각 장애, 경련장애, 심장질환이 있다. 코카인, 카페인, 다이어트 약 같은 흥분제를 사용하거나 마리화나 같은 약물을 사용할 때, 또는 알코올 금단증상을 경험할 때도 공황과 유사한 감각을 촉발할 수 있다. 당신의 증상이 불안장애 때문이라고 가정하기 전에 그 증상들이 의학적 질병 때문은 아닌지를 확인하기 위해 정밀 건강검진을 받아야 한다. 일단 신체적 문제가 아니라는 것이 확인되면, 이 책에 설명된 전략을 시도할 때 훨씬 더 자신감을 가질 수 있다.

광장공포증은 무엇인가

공황장애가 있는 대부분의 사람들은 어느 정도의 광장공포증(agoraphobia)이 있다. 광장공포증이라는 용어는 간혹 오해의 소지가 있다. 어떤 사람들은 광장공포증이 개방된 공간에 대한 공포증이라고 오해하기도 하고, 또 어떤 사람들은 집을 떠나는 것에 대한 공포라고 생각한다. 광장공포증 환자 중 일부는 개방된 공간을 두려워하기도 하지만, 이는 사실상 아주 드물다. 또한 가장 심한 광장공포증일 때만 집 밖을 나가지 못한다.

광장공포증은 공황발작이나 유사 공황증상을 경험할 때, 그 상황에서 탈출하거나 도움을 받을 수 없을 것이라는 공포이다. 광장공포증이 있는 사람들이 피하는 상황은 다음과 같다.

- 사람들이 붐비는 장소: 슈퍼마켓, 극장, 쇼핑몰, 스포츠경기장
- 밀폐된 장소와 도망치기 어려운 장소나 상황: 터널, 작은 방, 엘리베이터, 비행기, 지하철, 버스, 머리를 깎고 있을 때, 길게 서 있는 줄에 있을 때
- 운전하기: 특히 고속도로나 다리 위, 복잡한 도로에서의 운전, 장거리 운전, 조수석에 앉아 있는 것도 어려울 수 있다.
- 집을 떠나 있는 것: 어떤 사람들은 집 주변에 자신만의 안

전거리가 있고, 그 이상을 넘어가는 것을 불안해한다. 간혹 집을 떠나는 것 자체가 불가능한 경우도 있다.

- 혼자 있는 것: 특히 위에 나열된 상황에서 혼자 있기

어떤 경우에는 광장공포증이 아주 가벼운 정도(예: 해외로 가는 비행에 대한 불안)이거나 광장공포증에 기인한 회피가 전혀 없을 수도 있다. 광장공포증이 너무 심해서 외부 활동을 전혀 못하는 경우도 있지만, 대부분의 공황장애 환자들은 광장공포증의 회피 정도가 이 두 극단 사이의 어느 지점에 위치한다.

공황장애와 광장공포증의 실제

다른 책이나 논문에 발표된 공황장애에 대한 몇 가지 흥미로운 사실을 살펴보자.[2] 공황장애는 3.5%의 일반인들이 일생 중 어느 시점에 경험할 수 있는 비교적 흔한 심리장애이다.[3] 즉, 인구가 3억 명이 넘는 미국의 경우 천만 명 이상이 공황장애를 겪고 있는 셈이다. 공황장애 인구의 약 3분의 2가 여성인데, 이들은 남성보다 공황발작이 더 잦고, 더 심한 광장공포증을 경험하며, 공황발작에 대한 공포도 더 강하게 경험한다.[4]

공황장애는 아동기나 성인 후기에 시작되기도 하지만 대체

한국의 공황장애 현황

건강보험심사평가원의 5년 간의 자료(2012~2016)에 따르면, 2016년 공황장애로 진료받은 인원은 12만 1,743명으로 2012년 8만 926명에서 50.4% 증가했으며, 40대 진료 인원이 3만 1,869명(전체 진료 인원의 25.3%)으로 가장 큰 비중을 차지하고, 다음으로 50대, 30대 순으로 중년층에서 공황장애를 많이 겪고 있는 것으로 나타났다. 2012년 대비 2016년 증가율을 비교했을 때는 60~70대 이상 노년층에서 진료 인원이 각각 73.8%, 86.9% 증가하면서 가장 큰 증가율을 보였다.

의료 이용 현황을 살펴보면, 주로 입원보다는 외래 진료를 많이 이용했으며(2016년 기준 외래 진료 비중 99.4%), 1인당 평균 진료비는 2012년 27만 1,804원에서 2016년 28만 9,732원으로 5년 사이 6.6% 증가한 것으로 나타났다. 의료기관 종별로는 의원, 종합병원, 상급종합병원 순으로 많이 이용한 것으로 나타났다. 세부 진료내역은 개인 심리치료와 가족치료 등의 정신요법, 의약품 조제·복약, 우울 및 불안 검사, 간기능검사(AST, ALT)로 나타났다.

출처: 신서희, 2017, "최근 5년간 공황장애 환자의 진료경향 분석," 정책동향 11(4): 52-61.

로 초기 청소년기나 20대 초반에 시작되는 경향이 있다. 공황장애는 대부분 갑작스러운 심한 공황발작으로 시작된다. 졸업이나 이혼, 결혼, 출산, 새로운 직장, 실업, 가족의 질병이나 사랑하는 사람과의 사별 같은 생활 스트레스를 겪는 기간에 주로 발병한다.[5]

치료를 받지 않으면 공황장애는 만성적인 문제가 되기 쉽다. 한 연구에 따르면, 92%의 공황장애 환자들이 처음 공황장애 검사 후 1년 동안 계속해서 공황발작을 경험했던 것으로 나타났다.[6] 다행스럽게도 공황장애는 아주 치료가 쉬운 장애인데, 이에 대해선 뒤에서 다시 설명하겠다.

공황장애는 직장생활과 취미생활, 사회적 기능 등 생활 전반에 상당히 많은 영향을 미친다. 사실 우리 치료실에서 실시한 연구[7] 결과에 따르면, 공황장애 환자들의 기능 손상 수준이 신장병과 다발성근육경화증같이 심한 질병이 있는 사람들과 비슷했다. 만약 당신이 공황장애를 앓고 있다면 이 연구결과의 의미를 이해할 것이다. 또 공황장애는 보건의료 및 사회적 비용을 높인다. 다른 연구에 따르면, 공황장애 환자들은 다른 사람들보다 병원을 찾는 횟수가 7배 더 많고, 결근일수는 2배 더 많다.[8]

우리 치료실에서도 다른 치료실과 마찬가지로 공황장애가 대체로 다른 문제들과 함께 나타난다는 것을 발견했다.[9] 예를 들면, 공황장애 치료를 위해 센터를 방문한 사람들은 다섯

명 중 한 명꼴로 우울증도 겪고 있다. 거의 4분의 1은 사회적 상황에서 상당한 불안을 경험하고 있었고, 대다수가 공포증, 범불안장애, 강박증 같은 다른 형태의 불안장애를 겪고 있었다. 다행히도 다른 불안장애나 우울증이 있다는 것이 공황장애 치료 효과에 부정적인 영향을 미치지는 않는다. 사실 공황장애를 목표로 한 치료가 오히려 다른 문제들을 개선시키기도 한다.[10]

exercise 1 자신의 공황 문제 이해하기

앞서 우리는 공황장애 환자들의 몇 가지 전형적인 패턴을 살펴보았다. 연구에서 밝혀진 내용들이 당신의 경험과 얼마나 같은가? 다음의 질문에 답한 후 공황장애 연구에 참여한 보통 사람들의 경험과 당신 자신의 경험을 비교해 보라.

- 당신이 처음 공황발작을 경험한 나이는?
- 공황발작이 처음 시작됐던 해의 전년도에 어떤 생활 스트레스를 경험했었나?
- 공황발작으로 가장 영향을 받는 생활은 무엇인가(직장/학교, 사회적 기능, 여가 생활)?
- 공황발작과 함께 불안, 우울, 심한 음주나 약물남용 등 다른 문제를 경험하고 있나?

공황장애 자각과 경자 씨의 사례

30대 중반의 주부인 경자 씨는 고등학생 때 사업가였던 아버지가 갑자기 돌아가신 후 유약한 어머니와 두 동생을 건사하며 가장 노릇을 해왔다. 경자 씨는 3년 전 두 동생을 결혼시키고 난 후 동생들의 배려로 난생처음 어머니와 단둘이 베트남으로 해외여행을 가게 되었다. 그런데 여행지에서 쇼핑을 하던 중 심한 가슴통증과 함께 신체마비 증상을 경험했고, 죽을 것 같은 두려움에 휩싸여 병원 응급실에 실려 갔다. 귀국 후 경자 씨는 신체 이상 유무를 확인하기 위해 병원을 찾아 심장 정밀 검진을 포함한 여러 가지 검사를 수차례 받았지만, 별다른 이상이 없다는 말만 반복해서 들었다. 공황장애에 대한 이해가 없던 경자 씨는 그런 끔찍한 경험을 또다시 할까 봐 국내의 다른 도시뿐 아니라 조금이라도 낯선 곳을 가는 것을 점점 못하게 되었다. 이후로도 가끔 느닷없이 가슴통증과 심한 호흡곤란을 경험하는 횟수는 점점 늘어갔다. 경자 씨는 원인도 모르게 찾아오는 죽을 것 같은 가슴통증에 대한 불안뿐만 아니라 그로 인해 자신의 바깥활동과 대인관계가 점점 줄어들고 우울하게 지내는 시간이 많았다. 그러던 어느 날 우연히 한 방송 프로그램에서 공황장애를 앓는 한 연예인의 경험담을 들으며 자신의 문제가 공황장애일지도 모른다는 생각이 들어 치료실을 찾아왔다. 심리검사 결과 경자 씨는 공황장애와 우울증, 불안장애 범주에 모두 해당하는 심리적 상태였고, 공황장애 치료를 1차적인 목표로 심리치료를 받게 되었다.

공황장애와 광장공포증의 원인

공황장애의 원인은 복잡하기 때문에 모든 경우를 다 설명할 수 있는 단일 요인은 없다. 게다가 어떤 사람의 장애를 설명할 특정 원인을 찾아내는 것은 거의 불가능하다. 우리가 할 수 있는 것은 연구결과를 바탕으로 공황장애의 발병에 기여하는 요인들을 설명하는 것이다. 이 연구결과들이 당신의 경우 직접적으로 관련이 있는지는 알기 어렵다. 그러니 공황장애가 뇌의 화학적 불균형이나 나쁜 유전자, 잘못된 양육방식 때문이라고 주장하는 글을 어딘가에서 보았다면, 절대 믿지 말라. 이런 요인들이 당신에게 해당될 수도 있겠지만, 그것은 일부에 지나지 않는다.

공황의 원인을 이해하는 가장 좋은 방법은 생물학적 요인(유전적 취약성), 심리적 요인(경험 학습, 신념 등), 환경적 요인(스트레스 등)의 복합적인 상호작용을 통해 발생했을 개연성을 이해하는 것이다. 문제의 해결을 위해 원인을 완벽하게 이해해야 하는 것은 아니지만, 다양한 요인이 문제에 어떻게 영향을 미치는가를 아는 것만으로도 많은 것을 설명할 수 있다.

생물학적 요인들

지난 20년 동안 생물학적 요인이 공황발작 및 공황장애의 발병과 경과에 어떠한 영향을 미치는가에 대한 많은 연구가 발표되었다. 먼저, 공황장애가 유전적 요인에 의해 영향을 받는다는 수많은 연구가 있다. 예를 들어, 친적 중에 공황장애 환자가 있는 사람들에게 공황장애가 발병할 가능성이 다른 사람보다 3배가 높다.[11] 더 나아가 연구자들은 환경적 요인(학습과 같은)도 영향을 미치지만 세대를 잇는 유전자가 최소한 부분적으로는 관여한다는 것을 발견했다.[12]

또한 뇌의 특정 신경전달물질이 공황장애에 영향을 미친다는 많은 증거들이 있다. 신경전달물질은 한 신경세포에서 다른 세포로 정보를 전달하는 화학물질이다. 공황장애에 가장 많이 관여하는 것으로 보이는 신경전달물질은 노르에피네프린, 세로토닌, 콜레사이토키닌[13]이다. 예를 들어, 뇌의 노르에피네프린의 양을 증가시키는 물질은 공황발작을 유발할 수 있다. 공황장애 치료에 가장 효과적인 약물은 세로토닌이나 노르에피네프린의 활동에 영향을 미치면서 작용한다(10장 참조).

마지막으로, 공황발작 동안 공황장애 환자들의 뇌의 특정 부위 활동이 활발하다는 연구결과가 있다. 그 중 하나가 우뇌에 위치한 해마 주변 영역이다. 뇌혈류 연구들에 따르면, 공포나 공황을 경험하고 있는 사람들에게서 이 영역의 활동이 증가하는 것으로 나타났다. 그러나 종종 상반되는 연구결과도 있기 때문에 공황장애에서 뇌의 역할에 관한 명확한 결론을 내기는 아직 이르다.[14]

심리적 요인들

공황발작의 경과에 대한 가장 영향력 있는 심리학 이론은 영국의 심리학자 데이비드 M. 클라크의 이론[15]이다. 클라크의 이론에 따르면 사람들이 실제로는 아무 문제가 없는 신체감각을 파국적으로 해석하기 때문에 갑작스런 공황발작을 경험한다는 것이다. "개는 위험하다"라는 믿음을 가진 사람이 실제로 개를 만났을 때 공황발작과 공포를 불러일으킬 수 있는 것처럼 "빠른 심장박동이나 어지럼증, 숨가쁨 같은 신체증상은 위험하다"라고 믿으면 이런 증상들을 경험할 때마다 공황발작과 공포감이 발생할 수 있다. 우리는 모두 전혀 위험하지 않은 이런 증상들을 이런저런 이유로 가끔씩 경험한다. 하지만 만약 당신이 이런 증상들을 두려워하거나 위험 신호로 해석한다면 이 증상들을 경험할 때 공황발작 반응이 나타나는 것은 당연하다.

공황장애에 관한 심리학적 관점을 지지하는 연구는 수없이 많다. 앤터니와 스윈슨의 연구[16]에 따르면, 공황장애 환자들은 공황과 관련된 정보에 주의를 집중하는 경향이 있고, 공황증상에 매우 민감하며, 이런 증상들이 발생할 때 극도로 불안해한다. 공황장애 환자들은 공황장애가 없는 사람들과 비교해서 애매한 신체증상을 더 자주 즉각적인 위험 신호로 해석하고, 이 해석을 더 강하게 믿는 경향이 있다.[17] 공황발작 동안 경험하는 신체증상들은 생각의 내용과 밀접하게 관련되어 있다.[18] 예를 들어, 공황장애 환자들은 빠른 심장박동, 가쁜 호흡, 마비 또는 저림 같은 신체증상을 심장마비 같은 '곧 들이닥칠 임박한 신체적 재난'으로 해석한다. 반대로 이인증을 느낄 때는 통제력을 잃거나 미치고 있는 것 같은 일종의 '심리적 재난의 신호'로 해석한다.

사실 이것은 사람들이 불안할 때 경험하는 지극히 정상적인 신체증상들이며, 그 어떤 재앙의 신호도 아니다. 사람들이 경험하는 공황발작과 신체감각에 대한 불안한 신념들을 바꾸도록 가르치는 것은 앞으로 있을 공황발작을 예방하는 효과적인 방법이다.

공황장애의 효과적인 치료

생물학적 요인과 심리적 요인은 시간이 지나면서 모두 공황장애의 발병과 유지에 기여한다. 그렇기 때문에 생물학적 치료와 심리학적 치료 모두 효과적인 치료방법이다. 치료의 결과는 환자에게 달려 있다. 소수의 사람들은 치료 효과를 경험하지 못하고, 어떤 사람들은 약간의 효과만을 경험한다. 그러나 대부분의 사람들에게 치료는 상당히 효과가 있으며, 그중 절반 이상은 거의 완벽하게 치료된다. 그뿐만 아니라 약초요법과 정기적인 운동 같은 생활패턴의 변화도 치료에 있어 중요한 부분이다. 각각의 치료방법은 뒤에서 자세히 다루었기 때문에 여기서는 간략히만 살펴보겠다.

생물학적 치료 관점에서 가장 보편적인 치료약물로는 항불안제(알프라졸람, 클로나제팜 등)와 세로토닌 재흡수억제제(플루옥세틴, 파록세틴 등)를 포함하는 항우울제, 삼환계 항우울제(이미프라민 등)가 있다. 이 약들은 항우울제라고 불리지만, 우울증 유무와 관계없이 불안과 공황발작을 감소시키는 데 효과적이다.

공황장애 치료에 대한 통제연구에서 긍정적 효과가 지속적으로 확인된 유일한 심리치료는 인지행동치료이다. 치료는 대개 10주에서 15주간 이어지며, 주된 기법들은 다음과 같다.

심리교육 공황발작과 공황장애의 특성에 관한 심리교육의 내용은 이 장에서 배우고 있는 내용과 비슷하다.

인지재구조화 이 기법은 불안한 신념을 더 잘 자각하고, 이 믿음에 관한 증거들을 점검하도록 사람들을 교육하는 것을 말한다. 인지재구조화의 목표는 (불안한 생각을 지지하는 증거들에만 초점을 두는 대신) 모든 증거를 구체적으로 검토함으로써, 불안한 사고의 패턴을 좀 더 균형 있는 현실적인 생각으로 바꾸는 것이다.

공포 상황에 노출 공포를 극복하는 가장 효과적인 방법 중 하나는 불안한 상황에 직면하는 것이다. 광장공포증과 관련된 불안한 상황(운전하기, 군중 속에 있기, 혼자 있기 등)에 노출하는 것은 이런 상황에서 느끼는 공포를 극복하는 매우 효과적인 방법이다. 5장에서 상황 노출에 대해 배운다.

공포감각에 노출 공황장애 환자들은 어지러움이나 숨막힘 같은 공황발작 때의 신체증상을 두려워하기 때문에, 치료에서는 공포가 더 이상 일어나지 않을 때까지 두려운 신체감각에 반복적으로 노출하는 것(예: 어지럼증을 유발하기 위해 의자 돌리기)을 포함한다. 이 노출 훈련은 내부감각 노출 또는 증상 노출이라고 하며, 6장에서 자세히 배운다.

호흡 재훈련 8장에서 배울 내용으로, 신체적 필요 때문에 너무 빠르게 호흡하는 것(과호흡)은 공황증상을 촉발할 수 있다. '호흡 재훈련' 기법을 통해 느린 호흡을 배우는 것은 공황발작 동안

과호흡으로 인해 상황이 더 악화되는 것을 방지하는 데 도움이
된다.

당신은 인지행동치료와 약물치료 또는 병행치료 중에 어떤
것이 더 효과적인지가 궁금할 것이다. 이 세 가지 치료 방식의
효과를 비교한 대부분의 연구에서 단기간 개입의 경우에 이 세
가지 방식 모두 평균적으로 거의 똑같은 효과를 보였다. 달리
말하면, 대개 2~3개월 치료를 받은 경우 같은 수의 사람들이
인지행동치료와 약물치료, 병행치료에서 효과를 경험했다.[19]
그렇지만 이 치료기법들이 당신을 포함한 다른 사람들에게 똑
같은 효과가 있을 거라는 의미는 아니다. 인지행동치료에서 효
과를 경험하지 못한 사람이 약물치료에서 효과를 경험할 수 있
고,[20] 약물치료에서 효과를 못 본 사람이 인지행동치료로 치료
효과를 경험할 수 있다.[21] 그리고 어떤 사람들은 병행치료에 가
장 효과를 보이기도 한다. 안타깝게도 시행착오를 거치지 않고
누구에게 어떤 치료기법이 가장 효과적일지를 예측할 수 있는
검증된 방법은 없다.
약물치료와 인지행동치료, 병행치료가 단기 치료에서 똑같
이 효과적이지만, 더 중요한 것은 장기적으로 어떤 방법이 가장
효과적인 치료인가이다. 장기치료에서는 인지행동치료가 대부
분의 사람들에게 더 효과적임을 입증한 두 가지 연구가 있다.[22]

한편 약물치료의 단점은 치료를 중단하면 재발률이 높다는 것이다. 약을 복용한 대다수 사람들이 치료 후 수년 안에 재발한 것과 달리 인지행동치료를 받은 사람들은 시간이 지나도 그 효과를 유지하는 경향이 있다. 약물치료와 인지행동치료를 동시에 받은 사람들의 장기적 효과에 대한 예측은 자신의 증상이 개선된 이유를 어떻게 해석하는가에 따라 달라진다. 인상적인 것은 약물의 효과로 자신의 문제가 해결되었다고 믿는 사람들이 행동치료(그리고 자신의 노력) 덕분에 치료되었다고 믿었던 사람들보다 치료를 마친 후 6개월 이내의 재발률이 더 높은 것으로 관찰되었다.[23]

O2 치료를 결심하고
현실적인 목표를 세워라

이제 공황발작과 불안에 대해 이해했으니, 다음 할 일은 공포를 극복할 계획을 세우는 것이다. 공황 치료를 위한 단계는 다음과 같다.

- 자신의 반응패턴을 알고 취약한 상황 및 촉발요인을 밝히기 위해 공황증상을 모니터링하기
- 강한 신체증상을 더 이상 두려워하지 않기 위해 공황증상을 다룰 새로운 전략을 배우기
- 불안사고를 알아차리고 상쇄할 기법들을 개발하기
- 불안 및 공황에 빠지게 하는 촉발요인과 신체감각이나 상

황에 서서히 직면하기

- 회피와 안전행동(예: 휴대전화나 물, 약 같은 것을 항상 챙겨 다니거나 친한 사람을 동반하는 것)을 줄이기

이 책의 단계들을 따라가다 보면 불안과 회피행동이 줄어들고 자신감이 회복되는 것을 경험할 것이다. 당신의 일상이 서서히 회복되어 편안해지고, 어쩌면 공황증상을 경험하기 이전 상태로 되돌아갈 것이다. 안전지대에 갇혀 있어야만 할 것 같다는 느낌을 더 이상 받지 않게 될 것이다.

이 책 전반에서 설명한 치료 단계를 따라가기 위해선 당신의 노력이 필요하다. 당신이 좋아지기를 원한다면 여기서 배운 전략들을 일상생활에서 실천해야 한다. 전략들을 단순히 읽거나 수동적으로 배우기만 하고 당신의 생활에 적용하지 않으면 효과를 경험할 수 없다. 자신의 경험을 직접 기록하고, 실천 경험을 통해 스스로 배워 가기를 바란다. 서서히 불안과 공포에 직면할 용기를 낼 필요가 있다. 공황을 극복하기 위해서는 매일 시간을 할애해서 노력하는 것이 바람직하다. 각 단계를 따라 시간과 에너지를 쏟으며 노력하면 당신은 공황을 극복하고 삶의 질을 개선하게 될 것이다.

치료에 전념하라

이 책의 내용을 배우고 훈련할 시간을 내기 어려울 수도 있다. 어쩌면 당신은 너무 바쁜 일상을 살아가느라 당신 자신에게 집중할 잠깐의 여유조차 찾기 어려울 수 있다. 그러나 이 문제를 극복하기 위해서 당신은 자신의 건강과 행복에 우선순위를 두고 시간을 내야 한다. 자신이 공황증상에 대한 불안과 공포 때문에 얼마나 많은 시간을 낭비해 왔는지 생각하면, 공황을 극복하고 자신의 삶을 되찾기 위해 수개월 정도의 시간을 투자하는 것은 충분히 가치 있는 일이 될 것이다.

exercise 2 치료를 위한 계획 세우기

지금 잠깐 시간을 내서, 치료를 위해 삶의 우선순위를 어떻게 바꿀 것인지를 생각해 보라. 이 질문들에 답을 한 후에 치료가 당신에게 어떤 의미일지를 생각해 보라.

- 다음 장에서부터 배울 전략들을 연습할 시간을 확보하기 위해 당신은 삶을 어떻게 조정할 것인가?
- 이 계획을 실천하는 데 방해가 될 것들은 무엇인가? 이 문제를 해결할 방법은 무엇인가? 공황을 극복하려는 동기는 무엇인가?

- 공황에 대한 공포가 해결되고 나면 당신의 삶은 어떻게 바뀔 것 같은가?
- 이 책에서 설명하는 단계들을 따르는 것에 대해 미심쩍거나 거리끼는 것이 있는가?
- 이러한 미심쩍음이나 거리낌을 어떻게 극복할 수 있나? 이 책에 소개된 전략을 훈련하기 위해 노력하는 자신에게 매주 어떤 보상을 줄 것인가?

치료를 통해 얻을 이득과 치러야 할 비용은 무엇인가

어떤 변화든 비용과 이득이 있다. 어떤 경우에는 변화하는 것이 쉬울 때도 있지만, 어려울 때도 있다. 변화(치료)의 비용과 이득을 살펴봄으로써 치료가 당신의 삶에 미칠 영향에 대해 준비하는 것은 중요하다. 공황장애가 있는 사람들 대부분이 말하는 주된 이득은 삶에 대한 통제력을 되찾는 것이다. 즉, 불안이나 공황에 대한 걱정 없이 상황에 대처할 자신감을 되찾게 되며 정상적인 생활로 복귀한다고 느끼기 시작할 것이다.

exercise 3 치료의 이득

치료의 이득이 무엇인지를 생각해 보고, 당신의 대답을 기록하라.

- 이 책에 제시된 전략들을 이행하려는 이유나 동기, 자극제는 무엇인가?
- 초기에는 더 불안해질 수도 있음에도 불구하고, 이 책을 통해 배울 여러 가지 전략을 실행에 옮기는 것이 당신에게 가치 있는 이유는 무엇인가?
- 공황발작과 불안을 극복하면 삶의 어떤 영역이 개선될까?

치료를 위해 감수해야 할 비용 중 하나는 이 책에서 설명하는 전략들이 익숙해지기 전까지는 불안이 높아지고 불편함을 더 느낄 수도 있다는 것이다. 공황발작에 대처하기 위해서 지금까지 당신이 사용해 온 방법들이 단기간에는 효과가 있었을 것이다. 예를 들어, 불안해지는 상황에서 빠져나오는 것, 불안을 촉발하는 감각을 느낄 때 주의를 분산시키는 것, 안전한 사람을 반드시 동반하는 것 같은 행동들은 공포감을 줄이는 쉬운 방법이다. 이 대처전략들은 단기간에는 효과가 있지만, 지속적으로 하기는 아주 힘든 것들이다. 우리는 이런 행동들을 불안

에 대한 '미봉책' 전략이라고 부른다. 장기적으로 이 전략들은 당신의 편안함과 자유, 통제력, 독립성, 그리고 궁극적으로 당신의 자신감을 앗아가는 비싼 대가를 요구한다. 미봉책 전략의 한계 때문에 지금까지 당신의 공황이 지속되어 왔고, 그래서 당신은 지금 이 책을 읽고 있는 것이다.

공황장애의 극복과 관련된 한 가지 모순은 공포를 정복하기 위해 처음에는 불안을 경험해야 한다는 것이다. 미봉책 전략을 줄이기 시작했다고 해서 아직 이 책에서 설명한 대안 전략들에 통달한 것은 아니다. 그래서 공황 극복이라는 장기적인 목적 달성을 위해, 단기적으로 어느 정도 불안과 불편함을 경험할 마음의 준비가 필요하다. 공황 극복의 관점에서 보면 이것은 '장기적 이득을 위한 단기간의 고통'이다. 불안과 공황증상에 주의를 집중하는 것(공황발작 극복을 위한 필수적 단계)은 초기에는 불안과 공포, 공황을 더 경험하게 할 수도 있다. 인내심을 가지고 노력하면 당신의 증상은 결국에는 좋아질 것이다.

exercise 4 치료에 따르는 대가

치료는 곧 변화이다. 자신에게 변화의 대가가 무엇일지 생각해 보고, 다음 질문들에 답해 보라.

• 당신에게 있어서 변화에 대한 잠재적 대가는 무엇인가?

- 이 책에서 설명한 전략들을 실천하기 위해 극복해야 하는 문제는 무엇인가?
- 공황 극복을 위해 노력해 나가면서 마주칠 장해는 어떤 것들일까?

공황장애 치료를 시작할 때, 불안이 상승하는 것 외에 치료의 또 다른 잠재적 비용은 가족 기능의 변화이다. 대체로 가족구성원들은 사랑하는 사람이 불안해하지 않도록 도우려고 애쓴다. 흔히 협조(accommodation)라고 하는 이 과정은 다른 가족구성원이 환자의 역할과 책임을 점점 더 많이 떠맡아 줌으로써, 공황장애가 있는 가족이 발작을 피할 수 있도록 도와준다. 가족구성원은 다음과 같은 일을 함으로써 공황장애가 있는 가족원에게 협조한다.

- 외식하지 않기
- 극장이나 식당에 갔을 때 입구 쪽 자리에 앉기
- 붐비는 장소에 가는 것이나 그런 곳에서의 활동 피하기
- 쇼핑이나 아이들 등하교시키기 같은 일의 책임을 대신 떠맡기
- 언제나 연락 가능하도록 항상 휴대전화를 소지하기

- 집에서 멀리 떨어지거나 '안전지대' 밖으로 휴가 가지 않기
- 외출할 때 동행하기
- 2~3일간 다른 도시로의 출장 피하기

공황이 있는 가족원이 불안을 극복하기 시작하면서 가족의 역할은 바뀐다. 다음 예를 살펴보자. 캐틀린은 20년 이상 공황장애를 앓아 왔다. 그녀는 불안 때문에 독립적인 생활을 할 수 없었고, 시장 보기나 운전, 심지어 혼자 산책하는 일 같은 일상적인 활동도 할 수 없다고 느꼈다. 남편이 운전을 해 줘야 쇼핑을 할 수 있고, 산책을 갈 때도 남편이 동행을 해야 했다. 남편과 함께 있을 때는 편안하게 느끼지만 혼자 있을 때는 심하게 불안해진다. 공황 치료가 진전되면서 캐틀린은 독립적인 삶을 조금씩 시작하게 되었다. 캐틀린은 집 주변을 혼자 산책하고, 집에 혼자 있고, 슈퍼마켓 근처까지 혼자 가는 것을 연습했다. 그녀가 이런 상황들에 조금씩 편안해지기 시작하면서 그녀의 독립심은 커지고 조금씩 더 큰 과제에 도전하게 되었다. 공황장애를 치료하면서 캐틀린의 일상생활 전체가 바뀌었다. 남편은 그녀의 회복이 반가우면서도, 가족 내에서 자신의 역할이 변했고 아내가 더 이상 자신을 필요로 하지 않는다고 느끼게 되었다. 캐틀린의 공황장애 치료는 부부관계에서도 재조정이 필요해졌다는 것을 의미한다.

exercise 5 가족 협조

당신의 불안 상황과 증상들을 피하도록 돕는 가족원들의 역할에 대해 생각해 보라. 공황발작을 겪어 온 기간이 길수록, 당신의 불안에 맞춰서 가족이 특정 역할들을 감당해 왔음을 알수 있을 것이다. 그 노력들이 단기적으로는 도움이 되었지만, 장기적으로는 당신의 불안과 공포를 유지시키는 역할을 해 왔을 것이다. 다음 질문에 대한 대답을 적어 보라.

- 공황과 불안 때문에 가족 내에서 어떤 역할이나 기능을 포기해 왔나?
- 당신의 불안을 줄여주기 위해 가족들이 어떻게 돕는가?
- 가족원들이 당신의 불안증상에 맞추는 다른 방법(어떤 상황을 피하도록 돕는 것)은 무엇인가?
- 당신이 불안을 극복하기 시작하면 가족관계에는 어떤 변화가 있을까?

단기 목표와 장기 목표

공황 회복의 단계에 대해 생각해 보는 것은 중요하다. 작은 노력들은 단기 목표들인데, 그것은 미뤄 왔던 활동들을 다시 시작하는 것, 회피행동을 줄이는 것, 공황발작을 다룰 전략들을 배우는 것일 수 있다. 큰 노력이 필요한 것은 당신의 장기 목표이다. 이것은 하룻밤 사이에 이루어 낼 수 있는 것이 아니라 작은 노력이 쌓여 단기 목표를 성취함으로써 도달할 수 있다. 장기 목표로는 장기 결근을 마치고 직장에 복귀하는 것, 자신감이 향상되는 것, 예기불안*이 감소하는 것, 신체감각에 편안해지는 것, 정상적인 상태로 돌아온 느낌 등이다.

잭이 처음 치료실에 왔을 때, 그는 불안과 공황이 자신의 삶을 지배하고 있다고 느꼈다. 그는 더 이상 자신을 독립적이고, 자신감 있고, 아홉 명의 전문가들을 지도·감독하는 유능한 사람이라고 여기지 않았다. 아내나 자신의 어려움을 아는 소수의 친구와 함께 있을 때만 안전하다고 느꼈다. 심한 불안과 통제력을 상실한 느낌 때문에 회사에 결근하기 시작했다. 잭은 통제력 상실 또는 미칠지도 모른다는 공포를 느꼈다. 모든 사소한 일들

......

* 예기불안(anticipatory anxiety)은 앞으로 일어날지도 모르는 사건이나 상황을 떠올렸을 때 불안감이 증가하는 증상을 일컫는다.

이 그에게는 매우 힘들어졌고, 자신이 아주 약한 사람처럼 느껴졌다. 가끔 상점에 가는 일이나 운전을 하는 것조차 불안 때문에 매우 어려워졌다.

치료 목표를 세울 때, 잭은 그날 하루를 어떻게 지낼지, 어떻게 불안을 잘 견딜지에 대한 걱정 없이 아침에 일어날 수 있기만을 바란다고 말했다. 이것은 당연히 장기 목표이고 하룻밤 사이에 달성될 수 있는 것이 아니라 공황 극복을 위한 전략들을 훈련해 가면서 도달할 수 있는 것이다. 치료 목표에 대해 의논을 한 후 단기 목표를 세웠다. 잭은 공황장애에 대해서, 그리고 그것이 자신의 삶에 어떤 영향을 미치는지에 대해서 배울 계획을 세웠고, 치료기법들을 적극적으로 훈련하기로 했다. 이 목표를 달성하기 위해 약간의 불편감을 감수하기로 마음을 먹었다.

애매모호한 목표가 아닌 구체적인 목표를 설정하는 것이 중요하다. 목표가 너무 애매하면 목표 달성을 위해 무엇을 해야 하는지가 명확하지 않다. 목표가 구체적이면 그 목표를 성취하기 위해 무엇을 해야 하는지 결정하기가 훨씬 쉬워지고, 그 목표의 달성 여부를 평가하기도 훨씬 쉬워진다. 다음의 예를 참고하라.

애매한 목표들

- 기분 좋은 아침
- 외출했을 때 덜 불안하기

- 정상적 생활로 돌아가기
- 내 감정에 대한 통제력 되찾기

구체적 목표들

- 쇼핑몰에 운전해서 가기
- 혼자 시장 보기
- 친구들과 골프 치기
- 비행기 안에서 더 이상 공황발작 경험하지 않기

exercise 6 목표 설정

당신의 목표에 대해 잠시 구체적으로 생각해 보고, 다음의 질문들에 답해 보라.

- 당신의 장기 목표는 무엇인가?
- 당신의 단기 목표는 무엇인가?
- 목표 달성을 방해할 잠재적 장해물은 무엇인가?
- 그 장해물을 극복하기 위해 당신은 무엇을 할 수 있나?

현실적인 기대를 가져라

공황장애를 치료받으려는 사람들은 삶에서 느끼는 불안과 공황을 제거하고 싶어 한다. 그러나 치료를 받더라도 모든 불안을 없앨 수는 없다. 실제로 불안과 공포는 당신의 삶에서 중요한 기능을 하기 때문에 그것은 바람직한 방법이 아니다. 불안과 공포 반응은 미래에 닥칠 위험에 대비하게 하고, 즉각적인 위험으로부터 당신을 보호한다. 공포를 완전히 제거하는 것은 현실적이지도 않고 원하는 목표도 아니다. 당신이 현실적인 목표를 세운다면 그 목표에 도달할 가능성이 훨씬 커질 것이다.

치료를 통해서 당신이 삶에 대한 통제력을 되찾을 전략들을 배우는 것은 현실적인 기대이다. 불안과 공포를 완전하게 제거하지 않고서도 당신은 공황발작 동안 경험하는 신체감각들을 덜 두려워하고, 불안 상황에 잘 대처할 수 있을 것이라는 자신감을 갖게 될 것이다. 또한 불안에 대처하는 새로운 방법을 배우고, 궁극적으로는 이 책에서 설명한 전략들을 활용함으로써 불안과 공포가 당신의 삶을 더 이상 방해하지 않는 수준까지 감소하는 지점에 도달할 수 있을 것이다.

어떤 사람들은 이 책에서 설명한 전략들을 연습하는 것만으로도 공황장애를 충분히 극복할 수 있지만, 다른 사람들은 더 집중적인 치료가 필요할 수도 있다. 서론에서 언급했던 것처럼

책에서 설명한 전략들이 충분하지 않은 경우에는 추가 자료를
을 찾아보거나 공황장애 치료 경험이 있는 심리치료자나 의사에
게서 전문적인 도움을 받는 등 다양한 방법을 활용할 수 있다.

exercise 7 치료 계약

지금까지 당신은 치료를 위해 당신이 노력해야 할 것들을 살
펴보았고, 공황장애 극복의 이득과 비용(대가)을 검토했으며,
치료 목표를 설정했다. 이제 당신 자신과 치료 계약을 작성할
시간이다. 다음의 질문에 대한 대답을 적어 보라.

- 당신은 이 책에 있는 치료전략을 활용하기 위해 노력할 준
  비가 되었나?
- 얼마 동안 이 계획을 실천할 생각인가? (최소 12주 동안 전
  념할 것을 추천한다.)
- 힘들 때 계속 노력할 수 있도록 동기를 높여 줄 지지 자원
  이 있는가? 예를 들면, 배우자나 가족 또는 친한 친구가
  이 책에 소개된 훈련을 계속해 나가도록 당신에게 용기를
  북돋워 줄 수 있는가?
- 치료를 위해 노력하는 당신 자신에게 매주 어떤 보상을 줄
  것인가?

03 당신의 공황증상을 추적하라

치료를 위해 첫 번째로 할 일은 공황증상의 패턴과 촉발 상황들을 알아내기 위해 당신의 공황증상과 불안을 추적하는 것이다. 당신이 평소에 경험하는 불안보다 더 큰 불안을 경험할 각오를 하되, 그것은 일시적인 것이며 극복전략을 배우면서 점차 좋아질 것이라는 점을 기억하라. 이 과정을 잘 해 나가기 위해 2장에서 살펴보았던 치료를 통해 경험할 이득들을 기억하라. 치료 후 달라질 당신의 삶을 떠올린다면, 훈련할 때 불안이 커지더라도 그 상황에 머물러 치료전략들을 훈련할 수 있게 될 것이다.

불안과 공황을 세분하라

공황과 불안은 가끔 너무 심해서 통제가 불가능한 것처럼 느껴질 수도 있다. 공황을 다루는 효과적인 전략은 당신의 공황을 직접적으로 다룰 수 있는 요소들로 세분하는 것이다. 이것은 신체적 요소(공황 동안의 느낌)와 인지적 요소(생각), 행동적 요소(행동)를 포함한다.

신체적 요소

공황의 신체적 요소는 명확하다. 많은 사람들은 공황발작을 생각할 때 강한 신체증상을 떠올린다. 대부분은 공황증상을 경험할 때 분명히 뭔가 심각한 일이 벌어지고 있다고 믿고 응급실이나 병원으로 달려간다. 신체적 요소란 앞에서 설명한 것과 같은 극도의 불안을 느낄 때 몸에서 일어나는 모든 증상을 말한다.

exercise 8 신체적 요소

당신이 경험하는 전형적인 신체감각과 증상을 적어 보라. 심한 불안을 느낄 때 경험하는 보편적인 신체증상들은 다음과 같다. 어지럼증, 빠른 심장박동, 가슴통증, 가쁜 호흡, 질식할 것 같은 느낌, 머리가 하얘지거나 기절할 것 같은 느낌, 감각 없음, 찌릿찌릿하거나 마비되는 느낌, 비현실감 또는 자신의 몸이나 주변에서 일어나고 있는 일과 분리된 느낌, 열감이나 한기, 발한, 떨림, 시야 흐려짐.

인지적 요소

공황의 두 번째 요소인 인지적인 요소는 불안할 때 마음속에 스치고 지나가는 생각들을 말한다. 이 생각에는 나쁜 일이 일어날 것 같은 예측(예: 통제불능 상태가 되거나 미쳐 버릴 것 같다), 상황에 대처하는 자신의 능력 또는 무능력에 대한 믿음, 상황이 어떻게 전개될지에 대한 예측이나 파국적인 결과에 대한 심상(예: 복잡한 공간에서 도망쳐 나가거나 직장에서 회의실을 빠져나가는 자신의 모습)과 같은 형태일 수 있다. 전형적인 예는 다음과 같다.

- 공황발작이 발생하면 나는 기절할 것이다.
- 여기를 빠져나가지 않으면 나는 불안 때문에 미칠 것이다.
- 나 혼자는 이 불안한 상황에 대처할 수가 없다.
- 이 공황발작은 죽을 때까지 계속될 것이다.
- 다시는 정상으로 돌아갈 수 없을 것이다.
- 불안은 내가 약하다는 걸 의미한다.
- 내가 불안해하는 것을 다른 사람들이 알아차릴 것이다.

또 다른 특징은 공황장애 환자들이 불안신념을 지지하는 정보에는 더 많은 주의를 기울이고, 그 신념과 반대되는 정보는 무시하는 왜곡된 인지적 경향을 보인다는 것이다. 공황장애 환자들은 자신이 두려워하는 신체감각을 유심히 살피는 경향이 있고, 자신들이 찾고 있던 신체감각을 알아차릴 때 불안해한다. 그 감각들이 불안신념을 뒷받침하면, 특별히 그 정보를 더 잘 기억하는 경향이 있다. 예를 들어, 공황장애 환자들은 2002년 대학 풋볼 선수였던 아메드 해리스가 22살에 갑작스런 심장마비로 죽었을 때의 상황을 잊을 수 없을 것이다. 어쩌면 이 이야기는 "운동은 위험하다"는 신념을 지지하는 방향으로 잘못 해석될 수도 있다.

exercise 9 인지적 요소

당신의 공황과 불안에 기여하는 가장 보편적인 생각이나 신념, 해석을 적어 보라. 예를 들면, 미치는 것이나 통제력 상실, 죽음에 대한 걱정, 심장마비나 기절에 대한 공포, 구토나 설사에 대한 불안, 문제의 상황에서 도망을 치거나 도움을 청하지 못할 것에 대한 불안, 창피를 당하거나 자신의 불안을 다른 사람들이 알아채는 것에 대한 공포 등이다.

행동적 요소

공황의 세 번째 요소는 행동적 요소이다. 행동적 요소는 심한 불안을 경험할 때 취하는 행동과 그 불안을 피하기 위해 당신이 하는 행동을 의미한다. 보편적인 행동적 반응은 불안 상황에서 도망치는 것(예: 공황발작 때문에 물건을 가득 담은 쇼핑카트를 두고 슈퍼마켓을 빠져 나가는 것)이나 불안이 야기될 상황을 회피하는 것(예: 편안한 사람과 같이 갈 때만 쇼핑을 하거나 '느낌이 좋지 않기' 때문에 외출을 취소하는 것)이다. 사람들이 불안을 느낄 때 취하는 행동들의 예는 다음과 같다.

- 주의분산(예: 줄을 서 있을 때 대화를 하는 것, 불안에 대한 생각을 없애기 위해 마음속으로 노래를 부르는 것, 감각에 대한 관심을 분산시키기 위해 운전하면서 라디오를 듣는 것)
- 안전하게 느끼기 위해 특정 물건을 휴대하는 것(예: 약, 휴대전화, 종이봉투, 물)
- 공황발작이 일어나면 쉽게 도망칠 수 있도록 영화관에서는 복도 줄에, 극장에서는 뒷줄에 앉기
- 불안을 조절하기 위해 알코올이나 다른 약물을 사용(예: 마리화나)

공황장애가 행동에 미치는 영향을 살펴보기 위해 게일의 사

례를 살펴보자. 게일은 공황발작을 경험할 때 설사를 할 것 같은 느낌과 복통을 느낀다. 공황발작 때 실제로 그런 일을 경험한 적은 없지만, 그 일이 일어날 것 같은 불안이 계속되어 왔다. 공황발작이 설사를 유발할 것이라고 믿기 때문에 게일은 지사제를 챙겨서 다니기 시작했고, 외출해야 하는 날은 아침식사도 하지 않고 커피도 마시지 않았다. 공황이 일어날 경우, 그것들이 설사를 유발할 것이라고 믿었기 때문이다. 게일은 무슨 일이 생길까봐 불안해서 외식과 친구 만나기를 피하기 시작했다. 딸의 축구게임, 남편과 골프 치기, 시골로 가는 장거리 운전 등과 같은 화장실이 없거나 쉽게 화장실에 갈 수 없는 곳에서 하는 활동을 피했다. 공황발작에 대한 게일의 공포는 다양한 상황에서 회피행동으로 나타났다. 그녀의 행동은 겉으로 드러나는 회피행동(사회활동을 하지 않음)과 은연중에 하는 회피행동(약을 휴대하고 특정 음식을 먹지 않음) 둘 다를 포함한다. 게일의 회피는 대인관계, 직장, 아이들 및 남편과의 관계, 정서, 자기개념에 많은 영향을 미쳤다.

exercise 10　행동적 요소

공황과 같은 느낌을 회피하거나 공황감각을 줄이기 위해 당신이 사용하는 가장 보편적인 행동을 기록하라. 당신이 공공연히 피하는 상황들과 은연중에 회피하는 방식도 포함시켜야 한다. 예를 들면, 외출할 때 반드시 다른 사람을 동반하는 것, 행사에서 일찍 떠나는 것, 특정 위치에 앉는 것, 자신의 주의를 분산시키는 것, 불안 대처를 위해 알코올을 사용하는 것, 약이나 휴대전화, 물 등의 안전물품을 챙겨 가지고 다니는 것 등이 있다.

신체감각 – 인지 – 행동 간의 상호작용

공황의 신체적, 인지적, 행동적 요소는 서로 상호작용하는데, 한 요소는 다른 요소의 변화를 촉진한다. 예를 들어, 마크는 업무 관련 미팅을 하는 중에 심장박동이 빨라지는 것(신체적 요소)을 알아차렸다. 이것은 다양한 생각을 촉발했다. '지금 공황발작이 일어나면 어떻게 하나? 회의실을 빠져나가면 다른 사람들이 나에게 무슨 문제가 있다고 생각할 것이다. 하지만 공황발작이 왔을 때 바로 밖으로 빠져나가지 못하면 심장마비가 일어날 것이다(인지적 요소).' 그는 신체감각에 점점 더 민감해져서 미팅에 집중하지 못했다(인지적 요소). 그는 식은땀을 흘리며 '비현실감'(신체적 요소)을 느끼기 시작했다. 그는 '증상이 점점 심해지고 있다. 문제가 더 심각해지기 전에 이 방을 빠져나가야 한다.'(인지적 요소)라고 생각했고, 이후 그는 회의실을 떠났다(행동적 요소). 마크는 회의실을 떠나자마자 불안한 신체감각이 상당히 감소했음을 자각했다(신체적 요소).

공황의 세 가지 요소와 지수 씨의 사례

지수 씨는 어느 날 자신이 타고 가던 지하철이 터널 안에서 잠시 정차했을 때 처음 공황발작을 경험했다. 이후 지하철을 타는 것 자체가 큰 불안을 일으키는 요소가 되었다. 출퇴근 때 지하철을 타야 하는 지수 씨는 '불안을 잘 조절하지 않으면 큰일이 생길 수도 있다'(인지적 요소)고 믿고는 불안해지지 않기 위해 음악을 듣거나 전화통화를 하면서 시간을 보내왔다. 그러던 어느 날 지수 씨는 출근길 지하철에서 호흡이 점점 가빠지면서 심장이 서서히 조여 오는 통증을 감지했다(신체적 요소). 음악을 듣는 것도 소용이 없었고, 남자친구한테 전화를 시도했으나(행동적 요소) 연결되지 않자, '지금 지하철에서 내리지 않으면 심장마비로 죽을 것이다'(인지적 요소)라는 생각에 빠져 불안은 점점 심해졌고 통증은 가중되었다(신체적 요소). 급기야 지수 씨는 지하철이 다음 역에 도착해 열차 문이 열리자마자 서둘러 내렸고(행동적 요소), 불안이 서서히 잦아드는 것을 느꼈다(신체적 요소).

이 사례들을 통해 생각이 신체감각을 악화시킬 수 있고, 연이어 악화된 신체감각이 불안을 부추기는 생각을 촉진할 수 있다는 걸 이해했을 것이다. 이 책에서 설명한 치료전략들은 당신이 공황발작에 대한 통제력을 회복할 수 있도록 인지, 신체, 행동이라는 세 가지 요소들을 구체적인 치료 표적으로 삼는다.

exercise 11 공황의 세 가지 요소 추적하기

공황발작의 촉발인자를 찾아내고 불안과 공황의 세 가지 요소에 대한 이해를 돕기 위해 한 주 동안 불안을 느낄 때마다 다음의 내용들을 기록하라.

- **상황** 불안하거나 공포스럽거나 공황상태가 시작되는 상황에 대해 기록하라. 당신은 무엇을 하고 있었나? 어디에 있었나? 누구와 함께 있었나? 불안의 촉발요인(예: 당신에게 일어난 일이나 느낀 신체감각)을 자각했나?
- **공포나 불안의 정도** 0에서 100의 척도로 당신의 공포나 불안의 강도를 평가하라. 0은 불안이나 공포를 전혀 경험하지 않았음을 뜻하고, 100은 최악의 불안과 공황을 경험했음을 의미한다.
- **신체적 감각** 어떤 신체적 감각을 경험했나?
- **불안사고** 어떤 생각이 당신의 마음속을 스쳤나? 어떤 일이

생길까 봐 불안했나? 그 상황에 대한 어떤 불안한 예측을 했나? 그 상황에 대한 당신의 대처 능력을 어떻게 평가했나?

- **불안행동** 그 상황에서 무엇을 했나? 어떻게 반응했나? 안전행동을 취하거나 그 상황에서 도망쳤나? 완벽하게 회피했나?

일주일간 기록한 당신의 불안과 공황에 대한 경험을 훑어보고, 다음 질문에 대답해 보라.

- 불안이나 공황상태의 느낌과 관련된 촉발요인 또는 상황에 대해 알게 된 것은 무엇인가? 어떤 패턴이 있는가? 공황발작이 어떤 신체감각에 의해 촉발된 것 같은가?
- 불안이나 공황상태에서 당신이 경험하는 증상이나 불안사고에 어떤 패턴이 있었나?
- 당신이 불안이나 공황을 경험할 때 발생할 것 같은 최악의 일은 무엇인가? 예상했던 최악의 상황이 실제로 발생했나?
- 최악의 불안을 경험했을 때 불안이 줄어들기까지 얼마 동안 지속되었나?(예: 30초, 2~3분, 10분, 20분 등)

당신의 기분 추적하기

당신은 공황발작이 기분에 영향을 미친다는 것을 알고 있을 것이다. 예를 들어, 공황발작이 나아질 수 있을 거라는 희망이 없어지고 더 슬퍼질 수도 있으며, 자신에 대해 '나약한', '쓸모없는' 또는 '무능한' 같은 부정적인 용어를 떠올릴 수도 있다. 공황장애 환자들은 공황발작이 일어날 것 같은 상황을 회피하기 때문에, 종종 일상에서 흥미를 가지고 하던 활동들을 더 이상 하지 못하게 된다. 공황장애가 우울증으로 발전하는 것은 흔한 일이고, 어떤 사람들은 공황장애 발병 이전에 우울증을 앓고 있었을 수도 있다.

이 책의 치료전략들을 따라 하면서 기분이 좋아지는 것을 경험하게 될 것이다. 또 공황장애 때문에 회피해 온 활동들을 다시 시작하면서 자신에 대해 긍정적인 느낌을 가지기 시작할 것이다.

exercise 12　당신의 기분 추적하기

일주일 동안 당신의 불안과 우울의 정도를 모니터링하면서 매일 저녁마다 다음을 기록하라.

- 0부터 100까지의 척도로 평가한 그날의 평균적인 불안의

정도는?

- 0부터 100까지의 척도로 평가한 그날의 평균적인 우울의 정도는?
- 당신 자신이나 다른 사람 또는 당신의 미래에 대해 어떤 부정적인 생각을 했나?
- 한 주 동안 당신의 불안과 우울은 어떤 관계가 있나?
- 당신의 불안과 우울 사이에 어떤 관계가 있나?
- 한 주 동안 불안과 우울이 가장 높았던 정도는?
- 한 주 동안 불안과 우울이 가장 낮았던 정도는?

위의 질문을 따라 당신의 기분을 추적한 후, 다음 질문들에 당신이 어떻게 대답을 했는지 살펴보라.

- 한 주 동안 당신의 불안과 우울은 어떤 관계가 있나?
- 당신의 불안과 우울 사이에 어떤 관계가 있나?
- 한 주 동안 불안과 우울이 가장 높았던 정도는?

당신의 생각은 불안과 우울의 강도 변화에 따라 어떻게 달라졌었나?

04   불안사고를
현실적 사고로 대체하라

만약 당신이 공황증상이 위험하지 않다고 확신한다면 어떨까? 심장마비를 일으키거나, 통제력을 잃거나, 미치거나, 토하거나, 설사를 하거나, 창피를 당하는 일이 없고, 공황발작 때문에 죽는 일이 없다는 것을 100% 확신해도, 당신은 공황발작을 일으킬까 봐 불안할까? 공황발작이 끝도 없이 오랫동안 계속되는 것이 아니라 몇 분 안에 끝날 것이라고 믿는다 해도 공황에 대한 공포가 계속될까? 공황발작 동안 발생할 최악의 일이 일시적인 불편감뿐이라는 것을 분명하게 알아도 여전히 공황이 두려울까? 앞에서 살펴보았듯이 공황장애 환자들의 가장 큰 문제는 공황 그 자체가 아니다. 실제로 문제가 되는 것은 자신의 공황발작에 대한 그들의 믿음과 공황발작이 유발할 파국적인 결과에 대한 공포가 문제의 핵심이다. 다시 말해, 점점 더 자주 공황발작을 경험할 것이라는 부정적인 예측, 공황 관련 신체증상을 탐색하는 것, 빠른 심장박동이나 어지럼증과 같은 정상적인 신체감각에 대해 극도로 불안해하는 것, 공황을 일으키는 상황을 회피하는 것이 문제이다.

만약 당신이 공황발작에 대해 덜 걱정해도 된다는 것을 안다면 공황의 (발생)빈도는 줄어들 것이다. 공황발작을 있는 그대로의 신체감각으로 경험하기로 작정한다면, 공황증상은 곧바로 완전히 사라질 것이다. 이 장의 목표는 공황발작이 위험이나 위협의 신호가 아니라 두통이나 무릎 통증 또는 두드러기와 같은 잠깐의 불편일 뿐이라는 것을 확실하게 배우는 것이다.

불안사고의 역할

공황장애를 촉발하고 유지시키는 불안사고의 역할에 관한 지난 20년간의 연구는 신체감각에 대한 생각과 신념의 인지적 과정이 공황발작에 영향을 끼친다는 것을 밝혔다. 다음의 연구 결과를 살펴보자.

- 공황장애 환자들은 빠른 심장박동과 어지럼증, 가쁜 호흡과 같은 정상적인 신체감각에 대해 매우 높은 수준의 불안을 느낀다.[1]
- 공황장애 환자들이 보통 사람들보다 심장박동에 대한 감각을 더 많이 자각한다.[2]
- 공황장애 환자들은 불안 문제가 없는 보통 사람들보다 불편한 신체 감각에 주의를 더 집중하며,[3] 공황증상과 관련된 '심장', '두근거림' 같은 단어에 더 많은 주의를 기울인다.[4]
- 공황장애 환자들은 위험과 관련된 단어들을 더 잘 기억하고,[5] 필요할 때 의지할 수 있을 것 같아 보이는 사람의 얼굴을 더 잘 기억하는 것으로 보인다.[6]
- 공황장애 환자들은 보통 사람들과 비교해서 신체증상, 특히나 원인을 알 수 없는 신체증상을 곧 닥칠 파국적인 위험으로 더 많이 해석한다.[7]
- 공황장애 환자들은 불안한 상황에서 실제로 공황장애를 경험할 가능성을 과대평가하는 경향이 있다.[8] 공황발작이 발생할 것이라고 미리 예측하고 걱정하는 것은 공황발작 가능성을 더 높인다.[9]

요약하면, 공황장애 환자들은 대체로 신체증상에 주의를 더 많이 기울이며, 불안신념을 지지하는 정보를 더 잘 기억하고,

신체증상을 위험 신호로 해석하는 경향이 높다. 당신이 어떤 신체감각을 두려워할수록 그 신체증상을 훨씬 더 잘 자각할 것이다. 만약 당신이 몸에서 어떤 증상들을 찾고 있다면, 아마도 찾을 수 있을 것이다. 이것이 바로 다른 사람의 하품을 자각하는 것이 자신의 하품을 촉발하는 이유이다.

불안사고의 예

앞에서 소개한 경자 씨의 예(25쪽)로 돌아가 보자. 해외여행 중에 느닷없이 들이닥친 공황발작을 경험한 이후부터 경자 씨의 하루 일과는 신체감각을 체크하는 것으로 시작됐다. 아침에 눈을 뜨면 침대에서 일어나기 전에 경자 씨는 '오늘은 괜찮을까?', '몸이 저리지는 않나?', '심장박동은 정상인가?'라는 생각을 하며 몸의 구석구석을 살폈으며, 조금이라도 불편한 감각이 감지되면 그때부터 불안은 점점 심해졌고, 하루 종일 그 증상이 더 심해지지 않도록 시장을 가거나 다른 사람을 만나는 것을 다 포기한 채 좌불안석하며 지냈다. 지수 씨(55쪽)의 경우는 '가슴, 불안, 공황'과 같은 단어들이 자신의 신체감각을 더 악화시킨다는 이유로 뉴스 시청이나 인터넷 사용을 자제해 왔다.

exercise 13 신체감각에 주의를 기울이는 것의 효과

책 읽기를 중단하고, 지금부터 1분 동안 당신의 몸에 주의를 기울여서, 가려울 때까지 피부 표면의 감각을 탐색하라. 그리고 다음 질문에 대한 대답을 기록하라.

• 피부에서 가려움을 발견하는 데 얼마나 걸렸나?
• 당신이 가려움증을 찾으려고 노력하지 않았어도 가려움증을 알아차렸을 거라고 생각하나?
• 이 활동을 통해 특정 신체증상을 찾는 것과 그 증상을 경험하는 것과의 관계에 대해 배운 것은 무엇인가?
• 과거에 불편한 신체감각을 알아차렸을 때, 불안해지고 공황상태로 치달았던 적이 있는가?

이 활동은 증상을 찾는 것 자체가 그 감각을 자각하게 하는 촉진자가 될 수 있음을 깨닫기 위한 것이다.

불안사고의 정체

당신의 공황발작 빈도를 줄이기 위해 공황과 불안증상에 대해 생각하는 방식을 바꾸는 것이 중요하다. 그러나 먼저 공황발작을 촉발하는 당신의 생각을 잘 알아차릴 수 있어야 한다. 아마도 당신은 불안과 공황발작을 한동안 경험해 왔을 것이다. 그게 사실이라면 공황발작 저변에 깔린 당신의 생각들은 순식간에 자동적으로 머릿속을 스치고 지나가기 때문에 어쩌면 당신은 그 생각들을 알아차리지도 못했을 것이다. 만약 그렇다면 당신은 먼저 불안사고를 찾기 위한 훈련을 해야 한다.

이 장에서 우리는 공황장애 환자들의 불안과 공포에 상당히 기여한다고 알려진 두 종류의 불안사고에 대해 설명한다.[10] 공황발작의 발생 가능성 과장하기와 공황발작 결과를 심각하게 과장하기를 살펴보자.

공황발작 발생 가능성을 과장하기

가능성 과장하기는 특정 사건이 발생할 가능성을 실제보다 더 높게 예상하는 것이다. 공황장애에서 가능성 과장하기의 전형적인 예는 공황증상(예: 심장박동 증가, 가슴조임, 어지럼증, 호흡곤란)이 심장병이나 곧 들이닥칠 심장발작의 징후라고 믿는 것이다. 이런 증상들이 간혹 심장발작과 관련이 있다 치더라도 신체감각에 초점을 두는 것, 호흡을 너무 빠르거나 깊이 하는 것, 운동, 성적 흥분, 카페인, 니코틴, 알코올 금단증상, 호르몬 변화, 불안, 공포, 흥분, 강한 감정 등의 증상들을 촉발하는 요인들은 수없이 많다. 그러나 공황장애가 있는 사람이라면 과거에 공황발작이 심장발작으로 이어진 적이 없고, 심장병의 위험요인(예: 고령, 고혈압, 콜레스테롤, 비만, 흡연, 심장병의 가족력)이 없음에도 불구하고, 이런 심혈관 증상들을 경험할 때 그것을 심장병의 징조라고 자동적으로 생각하게 되는 경우가 많다.

가능성 과장하기와 관련해 흔히 보이는 전형적인 생각들은 다음과 같다.

- 어지러우면 기절할 것이다.
- 공공장소에서 설사를 할지도 모른다.
- 내 공황발작은 평생 동안 계속될 것이다.
- 공황발작이 왔을 때 그 장소를 빠져나오지 않으면 통제력을 잃을 것이다.
- 공황발작이 계속되면 미칠 것이다.
- 지난번 공황발작 때 토하지 않았던 유일한 이유는 주저앉아서 진정시켰기 때문이다.
- 조심하지 않으면 공황발작 때문에 죽을 수도 있다.

몇 가지는 전혀 사실과 다른 것이며(예를 들어, 공황발작 때문에 사람이 죽지는 않는다), 또 어떤 것들은 발생할 가능성이 과장된 것이다. 예를 들어, 어지럼증 때문에 기절한다는 것은 극히 드문 일이기는 하지만 있을 수 있는 일이다. 공포 때문에 기절하는 것은 혈액 공포증과 주사 공포증을 가진 사람들에게는 꽤 흔한 일이지만,[11] 공황장애 환자들에게는 아주 드물다.

exercise 14 발생 가능성의 과장 기록하기

당신이 공황발작의 발생 가능성을 과장하고 있다는 것을 더 잘 자각하기 위해, 불안해질 때마다 또는 불안 상황을 회피하거나 그 상황에서 도피하려는 강한 욕구를 느낄 때마다 다음 질문에 대답해 보라. 가능성을 과장하고 있음을 알아차리는 것이 익숙해질 때까지, 몇 주 동안 불안해질 때마다 이 활동을 반복하라.

- 어떤 일이 일어날까 봐 불안한가?
- 이 상황에서 빠져나가지 않으면 무슨 일이 일어날까?
- 이 상황에 계속 머무를 경우의 결과는 어떨 것 같은가?
- 어떤 끔찍한 일이 발생할 거라고 예상하고 있나?

공황발작의 결과를 심각하게 과장하기

공황발작의 결과를 심각하게 과장하는 것은 어떤 결과를 실제보다 훨씬 더 나쁘게 상상하는 것을 의미한다. 이런 생각의 종류는 종종 파국화 또는 파국적 사고라고 하며, 어떤 일이 실제로 일어날 가능성을 과장하는 경향과 관련이 있다. 다음은 결과의 심각성 과장하기의 예들이다.

- 영화관에서 공황발작이 일어나면 정말 끔찍할 것이다.
- 공황발작이 일어나면 대처할 수 없을 것이다.
- 공황발작은 어떻게 해서든 피해야 한다. 그렇지 않으면 끔찍한 일이 닥칠 것이다.
- 엘리베이터에 갇히는 것은 최악의 일이다.
- 공황발작이 일어났을 때 도와줄 수 있는 누군가가 반드시 함께 있어야 한다.
- 직장에서 공황발작이 일어나면 감당할 수 없을 것이다.
- 공황발작이 일어나서 기절하거나 토하거나 설사를 하는 것은 소름 끼치는 일이다.

이런 일들은 불편한 일들이지만 대부분은 생각보다 훨씬 대처가능한 일들이고, 어쩌면 당신이 알아차리기도 전에 지나갈 수도 있다. 실제로 생활에서 공황발작이나 두려워하는 상황에

처하는 일의 결과를 과장한 경우를 생각해 볼 수 있는가? 다음의 실습은 파국적 사고를 찾아내는 데 도움이 될 것이다.

exercise 15 공황발작 결과에 대한 과장 기록하기

공황발작의 결과를 부정적으로 과장하는 경향을 더 잘 인식하기 위해, 당신이 불안해질 때마다 또는 불안 상황을 회피하거나 그 상황에서 탈출하려는 강한 욕구를 느낄 때마다 다음 질문에 대답해 보라.

- 나는 이 사건이 실제보다 더 파국적이거나 통제할 수 없을 것이라고 예상하고 있는가?
- 향후 5년 동안 내가 이 사건에 대해 계속 생각하고 있을까?

파국적 사고를 식별하는 것에 익숙해질 때까지, 몇 주 동안 불안해질 때마다 위의 질문에 대한 대답을 기록하면서 이 훈련을 반복하라.

불안사고를 바꿔라

1960년대에 아론 T. 벡, 앨버트 엘리스 등 많은 저명한 심리학자들과 정신과 의사들은 불안과 우울 및 그와 관련된 문제들을 치료하기 위해 부정적 사고를 바꾸는 기법들을 개발하기 시작했다. 그 후 데이비드 M. 클라크, 데이비드 H. 발로우, 미셸 크래스키, 론 라피 등 많은 학자들이 이 기법을 발전시켰고, 인지 전략이 공황발작 및 관련된 불안 문제의 해결에 효과가 있다는 수많은 연구들이 발표되었다.[12] 이 장에서는 불안사고를 방지하기 위해 불안한 예측을 지지증거와 반대하는 증거 찾기, 파국적 사고에 도전하기, 행동실험 수행하기를 포함한 가장 강력한 인지적 기법 몇 가지를 설명한다.

증거 찾기

증거 찾기는 원래의 불안사고가 사실인지에 대한 현실적인 결론에 이르기 위해서 가능한 모든 정보들을 검토하는 것을 말한다. 부정적인 예측을 지지하는 증거를 찾는 일은 쉬울 수 있지만, 지지하지 않는 증거들을 떠올리는 일은 대개 어렵다. 그 이유는 사람들이 자신의 신념과 반대되는 정보보다 지지하는 정보에 더 무게를 두는 자연스러운 경향 때문이다. 당신의 불안예측을 지지하는 증거와 그 불안사고가 사실이 아니라는 증거를 찾기 위해 자문해 볼 수 있는 질문의 예들은 다음과 같다.

- 내가 예상한 일이 일어날 것이라는 걸 확실하게 아는가?
- 과거에 비슷한 예상을 한 적이 있나? 만약 그렇다면, 공황
  발작과 관련한 나의 생각이 얼마나 자주 실제로 일어났나?
- 이 상황을 다르게 생각할 방법이 있나? (예: 비현실감이 반
  드시 내가 미쳐가고 있다는 신호인가? 또는 어지럼증이 항상 내
  가 기절할 것이라는 징조인가?)
- 내가 이렇게 느끼는 다른 이유들은 무엇일까?
- 공황발작이 위험하다는 증거가 있나?
- 나의 공황발작은 보통 얼마나 지속되나?
- 내가 이런 불안사고를 가지고 있는 것을 내 친구들이나 가
  족들이 알면 뭐라고 할까?

이 같은 질문에 대답할 때, 이 문제에 대한 찬반 증거들을
모두 고려해야 함을 명심하라. 이것은 균형 잡힌 결론에 이르는
데 매우 중요하다. 다음의 예를 살펴보자.

불안신념 공황발작 동안 너무 어지러우면 나는 기절할 것이다.

지지증거 사람들이 기절할 때, 보통 그 전에 매우 어지럽거나
머리가 하얗게 되는 것을 느낀다. 나는 기절할 것 같은 느

낌을 공황발작 동안 느낀다. 지난번에 내가 기절하지 않은 유일한 이유는 발작이 있을 동안 누워 있었기 때문이다.

반대증거 지난 몇 년 동안 100번 이상의 공황발작을 경험했는데, 누울 수 없는 경우에도 기절한 적은 없었다. 내가 읽은 공황장애에 대한 모든 책들은 많은 공황장애 환자들이 발작 동안 기절할까 봐 불안해하지만 실제로 기절하는 경우는 극히 드물다고 설명하고 있다. 기절은 보통 혈압과 심장박동의 하락에 의해 발생하는데, 공황발작은 기절했을 때와는 정반대로 심장박동과 혈압이 상승한다. 만약 내가 공황 동안 실제로 기절할 위험이 있는 희귀한 사례 중 한 명이라면, 벌써 그런 일이 있었을 것이다.

합리적인 결론 공황발작 동안 실제로 기절할 가능성이 아예 없는 것은 아니지만, 어지럼증을 느끼는 정도와 상관없이 그 가능성은 매우 낮다.

또 다른 예시를 살펴보자.

불안신념 공황발작이 지속되면 나는 미쳐버릴 것이다.

지지증거 심하게 불안하면 사물들이 제대로 보이지 않는다. 마치 꿈속에 있는 것처럼 또는 가끔 몸 밖에서 나를 보는 것처럼 비현실적으로 느낀다. 공황장애는 정신장애로 간주되기 때문에, 내가 공황장애를 앓고 있다면 현실감을 완전히 잃는 것은 시간문제이다. 나는 공황발작 동안 통제력을 완전히 잃는데, 이것은 미치기 시작하는 전조일 것이다.

반대증거 통제력을 잃고 미칠까 봐 불안한 것이 공황장애의 공통점이지만, 공황장애 환자들은 현실감을 잃지는 않는다. 조현병(환각과 망상을 포함하는 현실감을 잃는 정신장애)은 공황장애와 무관하다. 이 두 가지 병은 전혀 다른 종류의 장애이며, 치료법도 다르다. 게다가 미국정신의학협회(APA)는 공황장애를 담배를 끊지 못하는 것(니코틴 의존), 거미를 무서워하는 것(특정공포증), 불면증과 함께 정신장애로 간주하지만, 나는 이 문제를 지닌 사람들을 정신질환자로 간주하지 않는다. 비현실감과 이인감은 공황발작 동안 보편적인 증상이며, 이 증상들은 더 심각한 문제의 신호가 아니다. 마지막으로, 발작 동안 통제력을 잃는 것처럼 느낄지라도 실제로 통제력을 잃지는 않는다. 나는 공공장소에서 고함을 지르지 않고, 기괴하게 행동하거나 도망가지 않는다. 사실 사람들은 내가 말하지 않으면 공황발작을 경험했다는 것조차도 몰랐다고 말한다.

합리적 결론 공황발작 때문에 아무도 미친 적이 없고, 공황발작이 일어났을 때 내가 얼마나 불편한 경험을 하는지와 상관없이, 실제로 내가 미칠 가능성은 없다.

exercise 16 증거 검토하기

공황발작이나 심한 불안을 경험할 때, 당신 마음에 떠오른 부정적 예측에 대한 증거들을 검토해 보라. 당신의 불안한 예측과 그 신념을 지지하는 증거와 반대되는 증거를 적어보고, 그 증거들을 바탕으로 한 합리적인 결론 역시 기록해 보라. 몇 주 동안 당신이 불안해지거나 공황상태가 될 때 이 훈련을 반복하라. 훈련을 통해 이 전략에 익숙해지면 나중에는 메모를 하지 않아도 이 증거들을 검토할 수 있을 것이다.

파국적 사고 극복하기

파국적 사고를 극복하기 위한 전략은 두려워하는 일이 실제로 발생할 경우, 그 결과로 발생될 일을 현실적이고 구체적으로 검토하기 위해 스스로에게 여러 가지 질문을 하는 것이다. 이것은 나쁜 일이 발생할 가능성("심장발작이 일어날 거야")이 아니라, 그 일이 일어났을 때의 결과를 과대평가하는 경향을 다루는 것이다(예를 들면, "직장에서 공황발작이 일어나면 절대로 감당할 수 없을 것이다."). 발생 가능성 과대평가를 다루기 위해서는 앞에서 설명한 증거를 검토하는 훈련이 더 도움이 된다. 반면에 파국적 사고를 다루기 위해서는 스스로에게 다음과 같은 질문을 던져 보아야 한다.

- 이 상황에서 발생할 수 있는 최악의 결과는 무엇인가?
- 만약 이 상황에서 공황발작이 일어나면, 어떻게 대처할 수 있을까? 예전에는 어떻게 대처했었나?
- 내가 예상하는 것만큼 나쁜 결과가 발생할까?
- 그래서 공황발작이 일어나면 어떻게 될까?
- 내 예상대로 걱정하던 일이 벌어졌다고 치자. 그 일이 내일이나 다음 주, 내년까지 여전히 중요할까?

이번에는 앞에서 살펴본 파국적 사고 몇 가지를 함께 살펴보고, 보다 합리적인 반응으로 이 신념들에 도전하는 단계를 추가해 보자.

파국적 사고 영화관에서 공황발작이 일어나는 건 도저히 감당할 수 없는 재앙이다.

합리적 반응 그렇게 되면 최악의 경우는 무엇일까? 만약 공황발작이 일어나면 나는 그 자리에 주저앉아서 공황이 끝나기를 기다릴 수 있다. 그것은 짧으면 몇 분, 길면 30분 정도 지속될 것이다. 최악의 시나리오는 내가 불편한 감각을 느끼는 것뿐이다. 내가 몸을 꼼지락거리거나 떠는 것이 옆 사람을 불편하게 한다면 언제든 영화관을 나올 수 있다. 공황발작이 얼마나 불편하든지 간에 결국은 사라질 것이다.

파국적 사고 엘리베이터 안에 갇혀서 공황발작을 경험하는 것은 최악이다.

합리적 반응 내가 아는 사람 중에 엘리베이터에 갇혔던 사람이 있나? 만약 있다면 그 사람이 아직 갇혀 있는가? 당연히 아니다! 엘리베이터에 갇혔더라도 죽은 사람은 한 사람도 없고, 얼마 후에 모두 구조되었다. 아주 불편하겠지만 결국 공황은 지나갈 것이다. 그 외 가장 최악의 결과는 가려던 곳에 늦게 도착하는 것인데, 사람들은 내가 늦은 걸 이해할 것이다. 만약 엘리베이터에 갇힌다면 나중에 사람들에게 얘기해줄 재밌는 이야깃거리가 하나 생기는 것이다.

파국적 사고 공황발작 때문에 기절하거나 토하거나 설사를 하는 것은 끔찍한 일이다.

합리적 반응 기절하거나 토하거나 설사를 하는 것은 당연히 불편한 일이긴 하지만, 이런 일이 발생해도 대처할 수 있을 것이다. 기절하는 사람을 본 적이 있는데 같이 있는 사람들이 많이 도와주었다. 비록 공황발작이 있을 때 가끔 설사를 하기는 하지만, 항상 늦지 않게 화장실에 가서 볼일을 봤었다. 주변에 화장실이 없었을 때는 그 증상이 지나갈 때까지 화장실 가는 것을 참을 수 있었다. 사람들은 가끔 어떤 이유로든 토할 때가 있다. 만약 나한테 그런 일이 생기면 사람들은 이해해 줄 것이다. 사실 이해를 못하는 사람이 있다 해도 상관없다. 내가 토했다는 것을 사람들은 잊을 것이다.

exercise 17 파국적 사고에 도전하기

두려워하는 어떤 일이 발생해서 그것으로 인해 일어날 어떤 결과를 과대평가하는 자신을 발견할 때, 파국적 사고를 방지하기 위해 여기서 설명한 전략들을 활용하라. 만약 불안한 상황이 발생하게 되는 경우, 그것을 다루는 방법을 기억하기 위해 몇 가지 중요한 내용과 당신의 파국적 사고를 기록하라. 이장에서 설명한 다른 기법들과 함께 이 작업은 계속해야 한다. 몇 주 동안 불안이나 공황을 느낄 때마다 이 훈련을 반복하라. 나중에는 이 전략을 활용하는 게 더 자연스워질 것이고, 그때가 되면 메모에 의존하지 않아도 될 것이다.

행동실험

행동실험은 당신의 불안신념의 사실 여부를 확인하기 위해 스스로 과학자 역할을 하는 것을 말한다. 첫 단계는 당신의 불안사고와 불안하지 않은 대안적 사고를 찾아내고, 그 다음은 어떤 신념이 사실인지를 확인하기 위한 실험을 수행하는 것이다.

예를 들어, 공황발작이 심장마비로 이어질까 봐 불안해한다고 가정해 보자. 지금까지 그렇게 되지 않았던 유일한 이유는 공황증상을 억제하기 위해 주의분산, 주저앉기, 심호흡, 전화하기 등과 같은 행동들을 했기 때문이었다고 당신은 믿는다. 이 사례에서 대안적 신념은 '공황발작이 심장마비를 유도하는 것이 아니라, 내가 하는 이런 행동들은 실제로 심장마비 위험을 줄이는 데 아무런 효과가 없다'이다. 이 신념이 사실인지를 알아보기 위한 실험은 어떤 것일까? 당신의 안전행동을 줄이고, 무슨 일이 벌어지는지를 보는 것이 하나의 예일 수 있다. 다음 공황발작 때는 그 자리에 주저앉는 대신에 계단을 여러 번 뛰어서 오르내려 보라. 심호흡을 천천히 하는 대신에 보통의 속도로 호흡을 하거나 호흡을 더 빠르게 하고, 주의를 분산시키는 대신에 그 증상에 주의를 기울여 보라. 이런 행동실험을 할 때 당신의 불안증상이 잠시 동안은 상승될 수 있다. 그러나 그 순간을 견디기만 하면 당신이 가졌던 원래의 생각이 사실이 아니라는 것을 알게 되고, 미래의 공황증상에 대한 불안은 줄어들 것이다.

다음은 당신의 불안신념에 도전할 다른 행동실험에 대한 아이디어들이다.

불안신념 내 다리가 '젤리'처럼 돼서 나는 넘어질 거야.

실험 당신 자신이 스스로를 넘어뜨릴 수 있는가? 예를 들어, 한쪽 다리로 서 보라.

불안신념 내가 손을 떨면 사람들은 나에게 뭔가 문제가 있다고 생각할 거야.

실험 다른 사람들과 있을 때 일부러 손을 떨어보고 다른 사람이 알아차리는지 보라.

불안신념 공황발작이 있는데도 운전을 계속하면 다른 차를 들이박을 것이다.

실험 공황을 느낄 때도 운전을 멈추지 마라.

불안신념 성관계나 운동과 같은 심장박동을 상승시키는 활동은 위험하다.

실험 파트너와의 로맨스를 되찾거나 러닝머신에서 달려 보라.

이런 활동들이 평소에 당신을 불안하게 만든다면, 약간의 불안을 경험할 수도 있다. 그러나 불안함에도 불구하고 이런 행동들을 시도하는 것은 그것들이 진짜로 위험한 것이 아님을 배우는 기회가 될 것이다.

행동실험을 계획할 때, 대부분의 사람들이 안전하다고 생각하는 실습들만 해야 한다. 예를 들어, 어떤 일이 일어나는지를 보기 위해 시속 160km로 운전하지는 말라. 마찬가지로, 공황 증상의 원인이 될 수도 있는 건강상 문제들에 대한 검진을 받지 않았다면 먼저 병원에 가서 모든 검사를 받으라. 당신이 정밀 신체검사를 받은 결과 건강에 아무 이상이 없다고 확인했다면, 공황 관련 증상들이 다른 질병으로 인한 것이 아니라는 것을 확신할 수 있다.

문제해결

이 장에서 설명한 전략들은 처음에는 적용하기 어려울 수도 있다. 여기서 우리는 사람들이 가끔 이야기하는 가장 보편적인 장해물 몇 가지와 그에 대한 해결 방법에 대해 설명한다.

문제 내 불안사고를 찾아낼 수가 없다.

해결책 불안사고는 자동적이기 때문에 처음에는 찾아내기가 어려울 수도 있지만, 꾸준히 훈련하면 서서히 쉬워진다. 불안사고는 불안할 때 더 분명해지기 때문에 자신을 불안 상황으로 유도하는 것이 자각에 도움이 될 수 있다. 만약 당신의 불안사고를 도저히 찾지 못하겠다면, 다음 장들에서 설명한 다른 전략들이 더 효과적일 수 있다.

문제 나는 증거 검토를 마친 후에도 '합리적인' 사고가 믿어지지 않는다.

해결책 당신이 왜곡된 방식으로 증거들을 검토한 것은 아닌지 확인하라. 예를 들어, 불안사고에 반대되는 증거보다 지지하는 증거에 더 무게를 두지는 않았나 확인해 보라. 연습을 통해 합리적인 사고에 대한 신뢰가 서서히 향상되고, 불안사고에 대한 믿음은 점점 감소될 것이다.

문제 나는 심장병이나 발작장애, 천식, 당뇨병, 현기증, 과민성 대장증후군과 같은 공황증상에 기여하는 질병이 있다.

해결책 당신이 경험하는 문제가 질병 때문인지 의사에게 자문을 구하라. 또한 공황증상과 신체적 질병 증상을 구분하는 방법을 배우라. 관련된 사실을 확실히 알지 못하면 당신의 불안사고에 대한 증거들을 정확하고 균형 있게 살펴보기 어렵다. 조금만 살펴보면 질병 위험을 과대평가하고 있다는 것을 알 수 있을 것이다. 승모판 일탈 증후군이나 발작장애, 천식, 당뇨병, 현기증, 과민성 대장증후군이 있는 대부분의 사람들이 공황장애 증상 없이 자신의 질병을 관리하며 잘 살아간다는 것을 기억하라.

문제 공황증상이 있을 때, 나는 불안신념에 도전할 만큼 명료하게 생각

할 수가 없다.

해결책 만약 공황발작 동안에 생각을 명확하게 하기가 어렵다

면, 공황발작 전(두려운 상황에 진입하기 전)이나 불안증상이

진행된 후에 불안사고에 도전하는 훈련을 하는 것이 좋을

것이다. 최근에 경험했던 공황발작을 검토하면서 몇 개의

합리적인 문장(예: 최악은 내가 불안을 느끼는 것이고, 이 공황

발작은 정점에 이른 후 지나갈 것이다)을 기록해서 큐카드(Cue

card)*를 만들 수 있다. 만약 공황발작 동안 너무 불안해서

생각을 명료하게 할 수 없으면, 빨리 큐카드를 꺼내서 스스

로에게 합리적인 문장들을 읽어 줄 수도 있다.

······

＊   배웠던 내용을 빨리 떠올릴 수 있도록 짧은 단어나 문장으로 단서(cue)를 적어 놓은 메
모지.

05 공황발작이 발생했던
그 장소에 직면하라

4장에서 불안사고를 자각하고 현실적인 사고로 대체하는 몇 가지 전략들을 알아 보았다. 불안사고 극복을 위한 다른 효과적인 방법은 당신이 예측하는 위험이 사실이 아니라는 것을 깨닫기 위해 공포 상황을 직접 맞닥뜨리는 것이다. 5장은 공포 상황과 공포 증상에 대한 노출이 어떻게 불안과 공황을 감소시키는지를 설명한다. 즉, 두려워하는 상황과 장소에 대한 노출(실제 노출 또는 상황 노출이라고 한다)의 중요성과 노출치료에 대한 전반적인 설명을 제시한다. 6장에서는 두려워하는 신체감각에 대한 노출을 더 많이 다루고, 7장은 노출 훈련에서 안전행동 제거의 중요성에 대해 설명한다.

상황 회피는 공포를 유지시킨다

모든 생물은 위협이나 위험으로 감지된 상황을 회피하려고 한다. 잠재적 위협을 회피하는 것은 생존 가능성의 문제이기 때문에 이것은 당연한 것이다. 회피의 이차적 이득은 공포나 불안 같은 불편한 정서 경험과 이 감정이 동반하는 모든 신체증상을 감소시킨다는 것이다. 다시 말하면, 상황에 대한 회피가 더 편안하기 때문에 그 상황을 회피한다.

밤에 위험한 동네를 걸어다니거나 뒷마당에 호랑이를 키우거나 눈보라 속에서 운전하는 것과 같이 실제로 위험한 상황인 경우에는 그 상황을 회피하는 것이 도움이 되지만, 실제적 위험이 거의 없는 상황을 회피하는 것은, 특히 이것이 직장이나 실생활에서 당신의 역할을 수행하는 데 필요한 경우라면, 상당히 문제가 된다. 다음은 광장공포증 때문에 어떤 상황들을 회피하는 것으로 인해 발생하는 몇 가지 문제점들이다.

- 회피는 당신이 두려워하는 상황이 실제로는 지극히 안전하다는 것을 배울 수 없게 만든다. 예를 들어, 심한 불안 때문에 자동차 운전을 회피하는 것은 그런 불안에도 불구하고 당신이 아주 안전하게 운전할 수 있다는 것을 배울 기회를 박탈한다.

- 불안 상황으로부터 도망치거나 그 상황을 회피함으로써 느끼는 안도감은 회피행동을 더 많이 하도록 강화한다. 즉, 다음에 당신이 그 상황에 맞닥뜨려서 불편함을 느낄 때 그 상황에서 빠져나와서 느꼈던 이전의 안도감이 떠오를 것이다. 그 편안한 느낌에 대한 기억이 당신을 다시 도피하게 만들고, 회피행동의 패턴은 지속될 것이다. 이것은 알코올에 의존하는 사람이 숙취의 불편감을 해결하기 위해 또 다시 술을 마시는 것과 비슷하다.

- 불안 상황에 대한 회피가 처음에는 편안하게 느껴지겠지만, 시간이 갈수록 전에는 할 수 있었던 여러 가지 활동들을 점점 하지 못하게 되는 것으로 인해 좌절하고, 자신에 대해 실망하거나 죄책감을 느끼게 될 수 있다. 회피는 자존감과 자신감을 무너뜨리는 결과를 초래한다.

- 회피가 단기적으로는 불안을 감소시켜 주고 안도감을 안겨 주지만, 장기적으로는 당신의 공포를 지속시키는 역할을 한다. 당신의 현재와 미래의 공포를 극복하기 위해서는 공황발작을 촉발하는 상황들과 서서히 직면하기 시작해야 한다. 이 작업이 부담스럽겠지만 수많은 사람들이 이 기법을 통해 자신의 공포를 극복했다는 것을 기억하라.

노출치료 계획

노출 훈련을 시작하기 전 몇 가지를 주의 깊게 계획해야 한다. 당신이 두려워하는 상황들의 유형과 그 상황에서 당신을 불안하게 만드는 요소들을 구체적으로 확인하고, 노출의 위계를 작성하고, 노출 계획을 세울 필요가 있다.

당신의 공포 상황을 확인하기

대부분의 공황장애 환자들은 필요할 때 도움을 받거나 도망칠 수 있다는 확신이 없이는 그 상황에 진입하지 않으려고 한다. 노출치료 준비를 위한 첫 번째 단계는 당신이 불안해하고 회피하는 상황을 분별하는 것이다. 1장에서 공황장애 환자들이 종종 회피하는 상황들을 설명했다(1장의 '광장공포증은 무엇인가' 참고).

exercise 18 당신의 공포 상황을 확인하라

- 1장에서 설명한 전형적인 광장공포증 상황을 살펴보라.
- 전형적인 광장공포증 상황 목록 중에서 당신이 혼자 있거나 누군가와 함께 있을 때 회피해 온 상황들이 있는가?
- 당신이 두려워서 회피하는 상황들은 무엇인가? 목록에 없는 상황이라 해도 당신이 공포스러워 하는 상황이라면 빠

짐없이 기록하라.

- 당신이 그 상황에 맞닥뜨렸을 때 경험하는 전형적인 불안감의 수준을 0(불안하지 않으며 회피하지 않는 상황)에서 100(너무나 불안해서 항상 피하는 상황) 사이의 숫자로 평가하라.

불안 요인들 확인하기

다음 단계는 공포 상황에서 당신을 더 불안하게 또는 편안하게 만드는 변수들을 확인하는 것이다.

- 혼자 있을 때인가 아니면 다른 사람과 함께일 때인가? 함께 있었던 사람은 누구인가? (예: 편안한 사람인가? 잘 모르는 사람인가?)
- 그 상황에서 빠져 나가기가 쉬운가? (예: 당신의 차를 가지고 파티에 갔다면 쉽게 빠져나갈 수 있을 것이다.)
- 화장실에서 얼마나 가까운가(특히 토하거나 설사하는 것에 대한 공포가 있는 경우라면)?
- 어떤 안전행동을 하는가(약이나 물, 휴대전화 등을 소지하는 것)?
- 버스나 극장, 식당의 경우라면 비상구와 얼마나 가까운가?

- 좌측, 우측 차선 중 어디서 운전하고 있는가? 고속도로, 도심 중 어디서 운전하고 있나?
- 하루 중 어느 시간대인가?

exercise 19 당신을 불안하게 하는 요인을 확인하라

앞에서 만든 공포 상황의 목록을 살펴보라. 각 상황에서 불안에 영향을 미치는 변수들을 적으라. 예를 들어, 당신이 쇼핑몰에 가는 것을 두려워한다면 당신의 영향 변수들은 다음과 같을 것이다. 쇼핑몰이 복잡했는가? 혼자 갔는가? 비상구에서 얼마나 가까운가? 실내의 밝기는 어땠나? 당신이 차를 주차한 곳은 입구에서 얼마나 가까웠는가? 집에서 얼마나 떨어진 곳인가? 운수가 나쁜 날이었나? 사야 하는 물건이 있었나? 약을 가지고 있었나?

노출 위계 개발하기

공포 상황과 그 상황에서 당신의 불안을 부추기는 요인들에 대한 목록을 만들었으면, 그다음은 이 모든 것들을 함께 고려하면서 노출 위계를 만드는 것이다. 노출 위계는 불안이 높은 상황에서부터 낮은 상황까지 순서대로 10~15가지의 공포 상황을 정리한 목록이다. 다음 위계목록을 참고하라.

노출 위계(예)

상황	불안정도
혼자 만석인 비행기를 타고 제주도로 가기	100
배우자와 함께 만석인 비행기에 타고 제주도로 가기	95
복잡한 시간에 혼자 직장에서 집까지 운전하기	95
꽉 막힌 도로를 따라 도심에 있는 백화점까지 혼자 운전하기	80
어린 자녀와 함께 복잡한 영화관에서 영화 보기	75
배우자와 함께 크고 복잡한 식당에서 식사하기	75
출퇴근 시간에 배우자를 동반하고 직장에서 집까지 고속도로로 운전하기	70
토요일에 백화점에서 혼자 쇼핑하기	65
토요일 오후에 마포대교를 지나 운전하기	60
낮에 혼자 동네를 걸어서 산책하기	50
한가한 시간에 혼자 미용실 가기	50
은행에서 길게 줄서기	45
배우자를 동반하고 차가 많지 않을 때 백화점까지 운전하기	40
배우자와 함께 동네 슈퍼마켓에서 장보기	35

exercise 20 노출 위계를 작성하라

당신 자신의 노출 위계를 작성하라. 어려움의 정도를 폭넓게
해서 10~15가지 항목을 구체적으로 설정하라. 불안한 상황
뿐만 아니라 가장 크게 영향을 미치는 변수를 반드시 기록하
라. 예를 들어, '가게로 운전해 가기'라고 적지 말고 '복잡한
시간에 골목에 있는 슈퍼마켓으로 운전해 가기'와 같이 더 구

체적이면서 유용한 내용을 적으라. 또한 당신이 실습하고자 하는 항목만 적으라. 당신이 세계여행을 할 형편이 안 된다면 위계 목록에 '세계여행'을 적는 것은 아무런 의미가 없다. 그렇다고 위계 목록에 적은 모든 상황을 실행해야 한다고 생각할 필요는 없다. 처음에는 위계의 중간 이하의 상황들 정도만 시도할 것이다. 처음엔 불안의 정도가 아주 높은 상위의 몇몇 상황은 시도 자체도 불가능해 보일 것이다. 이 모든 것을 공황장애만 없으면 해 보고 싶은 '희망사항(wish list)'이라고 생각하라.

노출 계획 세우기

노출을 적절하게 실행하는 것은 상당한 시간과 노력이 필요하다. 노출치료의 효과를 최대한으로 경험하기 위해서는 몇 주 또는 몇 달 동안 일주일에 여러 차례 훈련이 필요하고, 한 번 할 때마다 상당한 시간이 소요될 것이다. 훈련을 위해서 매일 90분에서 120분을 할애하는 것이 좋다. 만약 매일 하기가 어렵다면 최소한 일주일에 4일은 할애해야 한다.

많은 경우에 훈련이 일상생활 속에 통합될 수 있는데, 예를 들면 다른 사람의 차를 타고 출근하는 대신 당신 스스로 운전을 해서 출근하는 일이 그 예이다. 각 노출 훈련의 상황에 따라 다른 계획이 필요할 것이다. 많은 사람들이 매주 초에 그 주간의 훈련 계획을 세우는 방식을 활용한다.

또 다른 방법은 더 집중적으로 노출하는 것이다. 하루에 한두 시간을 훈련하는 대신 1~2주 동안 아무것도 하지 않고 오로지 노출 훈련에만 집중하는 사람들도 있다. 어떤 방법으로 하든지 간에 가장 중요한 것은 노출 훈련에 시간을 더 많이 투자할수록 더 짧은 시간 안에 불안이 더 많이 감소하고, 공황발작의 빈도도 더 빨리 감소한다는 점이다.

노출 훈련 지침

공황발작을 일으키는 상황들에 맞닥뜨릴 생각을 하면, 여러 가지 걱정들이 생길 것이다. 예를 들면 '위계목록에 있는 상황들에 노출하는 것을 어떻게 시작할까?'와 같은 것이다. 결론부터 말하면, 당신이 이런 것들을 할 수 있게 되면 더 이상 이 책을 읽을 필요가 없을 것이다. 그렇지 않으면 노출 훈련이 과연 효과가 있는지를 의심하게 될 수도 있다. 만약 어떤 일이라도 생기면, 당신은 그 상황에 대한 노출이 불안을 더 악화시킨다고 판단하게 될 것이다. 이 장은 이런 염려들을 다룬다. 다음 단락에서 노출의 효과를 극대화하기 위한 몇 가지 제안들을 살펴볼 것이다. 이 제안에 따르면, 노출은 당신의 불안을 극복하는 가장 효과적인 방법 중 하나가 될 것이다.

노출치료 동안 지켜야 할 것들

노출 훈련을 하면서 불안이 점점 줄어들겠지만, 그 효과를 느끼기 시작하는 데까지 보통 2~3회기가 걸린다. 훈련을 하는 동안 불안을 느끼는 것은 지극히 정상적이며, 때로는 공황발작을 촉발하기도 한다. 훈련 초기에는 더 불안하고, 안절부절못하며, 지칠 수도 있다. 그렇지만 지금까지 회피해 오던 상황들에 맞닥뜨리는 것이 서서히 익숙해질 것이다. 초기에는 당신이 불안을 느끼겠지만 훈련을 위해 꾸준히 노력하는 것이 매우 중요하다. 이것은 체력을 단련하는 것과 비슷하다. 체력 훈련을 시작할 때 처음에는 보통 때보다 더 피곤하고 근육 통증을 느낄 수도 있지만 정기적으로 하다보면 통증은 사라진다. 당신이 공황장애를 앓는 당사자라면, 시간이 지나면서 불안이 줄어들고 자신감이 향상되는 것을 느끼게 될 것이다.

새로운 것을 처음 시도할 때는 심한 불안을 느낄 수 있겠지만, 훈련을 할 때마다 점점 더 쉬워질 것이다. 하지만 연습할 때마다 매번 불안이 감소되지 않더라도 실망하지 마라. 좋을 때도 있고 그렇지 않을 때도 있음을 알게 될 것이다. 훈련을 계속하고 있어도, 생활 스트레스가 많을 때는 간혹 공황발작이 조금 더 나빠지는 기간이 있을 수도 있다. 하지만 시간이 지나면서 당신의 노력은 결실을 맺게 될 것이다.

노출 훈련 회기의 길이 및 간격

노출치료에는 가장 중요한 두 가지 원칙이 있다. 첫째는 불안이 줄어들 때까지 노출 상황에 머물러 있는 것이고, 둘째는 훈련 사이의 간격을 짧게 계획하는 것이다. 이것은 불안이 심할 때 머릿속에 떠오르는 생각과는 정반대겠지만, 이 원칙을 따르는 것이 따르지 않는 것보다 훨씬 더 도움이 될 것이다.

만약 불안이 절정에 도달했을 때 당신이 그 상황에서 떠나 버린다면, 그것이 불안을 줄여 준다고 인식하게 될 수 있다. 그렇지만 잠시 후에는 그 상황에 머물지 않고 도망쳐 나온 것에 대해 스스로 실망감을 느낄 수 있다. 반면에 당신이 불안함에도 불구하고 그 상황에 머물러 있는다면, 결국에는 불안이 줄어든다는 것을 알게 될 것이다. 몇 분 또는 한두 시간이 걸릴 수 있지만 결국 불안은 감소한다. 그 상황에 머물러 있음으로써 당신이 그 상황을 피하지 않아도 괜찮을 수 있다는 것을 실제 경험을 통해 배우고, 자신감도 상당히 갖게 될 것이다. 당신의 불안이 완전히 사라질 때까지 머물러야만 하는 것은 아니다. 불안으로 인한 불편함이 감당할 수 있을 정도로 줄어들면 훈련을 중단하거나, 불안의 위계가 높은 상위의 상황으로 이동해서 노출 훈련을 계속하는 것도 좋다.

불안이 너무 심해서 그 상황을 떠나야겠다고 생각되면 그렇게 하라. 다만 잠시 후에 당신의 마음이 진정되면 다시 그 상황에 대한 노출을 시도하라. 또한 훈련하고 있는 그 상황이 다리 위를 운전해서 지나가는 것이나 사무실의 엘리베이터 이용하기나 상점에서 줄을 서는 것과 같은 짧은 실습이라면, 더 긴 시간의 노출을 위해 반복해서 훈련하는 것이 중요하다.

노출은 훈련 간의 간격이 좁을 때 가장 효과가 있다. 심리학자 포어와 그의 동료들의 연구에 따르면,[1] 광장공포증이 있는 내담자들을 대상으로 10회기의 노출 훈련프로그램을 진행했을 때, 한 주에 한 번씩 10주간 훈련을 했던 사람들보다 10일 동안 연속해서 노출 훈련을 했던 사람들에게서 더 큰 효과가 나타났다. 노출 간의 간격을 좁히면 각각의 훈련들이 서로 상승작용을 하게 된다. 하지만 훈련 간의 간격이 너무 떨어져 있으면, 훈련을 할 때마다 새로 시작하는 것 같아서 다음 훈련의 효과가 낮아진다.

훈련을 선택하는 방법

노출 훈련을 할 상황을 선택할 때 불안 위계가 참고가 될 수 있다. 그렇지만 위계의 맨 아래부터 훈련을 시작할 필요는 없다. 만약 상위에 있는 어떤 상황부터 노출을 시도해 볼 수 있을 것 같이 느껴지면 그렇게 해도 좋다. 위계표에서 상위에 있는 항목일수록 불안이 좀더 높겠지만, 더 어려운 것을 시도함으로써 문제를 더 빨리 극복할 수 있다는 것을 명심하라. 불안과 공포감이 당신을 완전히 압도하지 않는, 견뎌낼 수 있을 정도의 어려운 상황에 노출하는 것이 바람직하다.

너무 어려운 상황에 노출되는 것에는 몇 가지 위험이 있다. 최악의 경우는 당신이 더 불안해져서 공황발작을 경험하는 것이다. 만약 훈련이 너무 힘들 것 같으면 약간 더 쉬워 보이는 것부터 시작하라. 예를 들어, 붐비는 시간에 고속도로의 왼쪽 차선으로 혼자 운전하는 것이 심한 불안을 유발한다면, 오른쪽 차선으로 운전을 하거나, 배우자를 동승하고 하거나, 덜 붐비는 시간에 시도하라.

당신의 노출 위계에서 실습할 항목을 선택할 때 어떤 번호를 뛰어넘거나, 순서 없이 훈련하거나, 전혀 목록에 없는 것을 선택해도 괜찮다. 불안 위계를 대강의 지침으로 삼아 훈련 계획을 세우면 된다.

예측 가능성과 통제

대부분의 공황장애 환자들은 공황발작은 예측할 수도, 통제할 수도 없다고 생각한다. 그러므로 공황발작 때 경험하는 신체증상에 반복적으로 노출되면서도, 그에 대한 불안이 유지되는 것은 당연하다. 예측할 수도, 통제할 수도 없는 두려운 상황에 반복적으로 노출되면 시간이 지나면서 점점 불안은 가중된다.

그러나 통제 가능하게 계획된 노출은 정반대의 효과를 갖는다. 그래서 노출 훈련 중에 경험할 것들(예: 공황증상이 증가될 것)을 고려하고, 훈련의 시작과 끝을 스스로 통제할 수 있도록 미리 계획을 세우는 것은 중요하다. 예를 들어, 만약 가족 중에 누군가가 당신을 위해 시내운전을 대신해 주고 있었다면, 이제 그 사람은 당신이 훈련 중이라는 것을 알아야 한다. 그 사람은 당신과의 협의 없이는 아무것도 마음대로 바꾸지 말아야 한다 (예: 차선을 바꾸거나 더 불안하게 하는 상황에 진입하는 것).

노출 훈련의 성공을 위한 전략

노출 훈련에 성공하기 위한 몇 가지 전략들이 더 있다. 첫째, 불안을 줄이기 위해 주의를 분산하거나 와인 한 잔 마시기, 비상구 가까이에 앉기와 같은 안전행동에 의존하지 마라. 7장에서 이에 대해서 자세히 설명할 것이다. 치료 초기에는 안전행동들을 활용해도 괜찮다. 그러나 불안이 줄어감에 따라 이런 안전행동을 줄이도록 노력하라.

둘째, 불안을 느낄 것을 각오하라. 가끔 사람들은 훈련을 하는 동안 불안이나 공황을 경험하면 실패했다고 느낀다. 사실 성공적인 훈련은 당신이 불안함에도 불구하고 그 상황에 머무는 것이다. 당신이 노출 훈련을 하는 동안 편하지 않을 것은 기정사실이다. 불안을 경험하더라도 놀라지 말라.

셋째, 당신의 불안과 씨름하지 마라. 불안과 싸우는 것은 잠들기 위해 애쓰는 것과 같다. '나는 자야 돼!'라고 생각하면서 몇 시간 동안 침대에 누워 있는 것은 오히려 밤새도록 잠을 못 자게 할 수 있다. 때때로 당신이 자려고 더 애를 쓸수록 잠들기가 더 어렵다. 마찬가지로 공황증상을 쫓아내려고 애쓸수록 당신은 더 오래 그 증상을 앓게 되고, 또 더 심해질 수 있다. 그러는 대신에 불안이 일어나게 그냥 내버려 두라. 공황이 발생하면 그것을 환영하라. 각 공황발작마다 새로운 전략들을 훈련할 기회로 생각하라. 이 말이 역설적으로 들리겠지만, 당신이 공황발작을 환영할 수 있는 시점이 되면 더 이상 공황발작이 발생하지 않을 수 있다.

마지막으로 4장에서 배운 인지적 대처 전략들을 활용하라. 당신이 노출 훈련을 하는 동안 마음속에 떠오르는 불안사고를 알아차리면, 그 생각을 지지하는 증거들과 그 생각과 반대되는, 대안적인 사고를 지지하는 증거들을 찾아보라. "그래, 공황이 왔네?"라고 스스로에게 말하고, 당신의 불안사고를 검증할 행동실험을 하라. 노출 훈련은 앞에서 설명한 인지적 기법을 연습할 절호의 기회이다.

노출 회기의 사례

레이첼은 10년 이상 광장공포증과 공황장애를 앓고 있는 34세의 교사이다. 매주 한 번 정도 공황발작을 경험해 왔으며, 복잡한 장소나 대중교통 이용을 회피했고 운전도 하지 않았다. 그녀는 혼자 있을 때 훨씬 더 불안했다. 치료 초기에 식당이나 슈퍼마켓, 쇼핑몰 같은 복잡한 장소에서 실습을 많이 했었고, 어느 정도 성공적이었다. 그녀는 거의 매일 운전하기 실습을 하면서 운전에 대한 불안도 감소시킬 수 있었다. 드디어 불안 위계의 최상위에 있는 지하철에 대한 불안을 다룰 시점이 되었다. 출근할 때 지하철을 타야 하기 때문에 매우 중요한 일이었다.

레이첼은 치료자와 함께 지하철을 타기로 했던 시점이 되자 처음에는 실습하기를 거부했다. 지하철은 폐쇄된 공간이어서 (최소한 정거장 사이에서는) 도피하는 것이 불가능하며 내릴 수 없다는 것이 그녀를 불안하게 했다. 그러나 사람들이 종종 생각하는 것 이상으로 어떤 것들을 잘 해낼 수 있다는 것을 믿고 있는 치료자는 레이첼에게 지하철 역으로 가서 열차가 지나가는 것을 잠깐 동안 보기만 하자고 제안했다. 그녀는 자신이 준비가 안 됐다고 생각되면 지하철을 타지 않아도 된다는 걸 재차 다짐받은 후 치료자와 함께 지하철 역으로 갔다.

열차가 지나가는 것을 15분 정도 지켜 본 후, 치료자는 지하철 문이 열려 있을 동안 잠시 탔다가 내리는 것을 시도해 볼 생각이 있는지를 레이첼에게 물었다. 치료자가 여러 번 시범을 보였고, 그다음 열차가 왔을 때 레이첼도 시도했다. 그녀는 열차 3대가 지나가는 동안 탔다가 내리는 것을 계속 연습했다. 그 후 치료자는 열차를 타고 한 정거장을 가 볼 생각이 있는지를 물었다. 역들이 단 1분 정도의 거리만 떨어져 있다는 것을 확인하고는 열차 몇 대가 왔다가는 것을 지켜보면서 그녀의 불안은 약간 줄어들었다. 마침내 그녀는 지하철을 타보기로 결정했다.

레이첼과 치료자는 지하철을 타고 한 정거장을 가서 내렸다. 이것을 잘 해낸 레이첼은 똑같은 실습을 한 번 더 하겠다고 했다. 두 번째 시도에 성공한 뒤, 그녀는 치료자와 함께 두 정거장 가는 것에 동의했다. 그다음에는 치료자와 나란히 지하철에 앉아서 20분간 갔고, 불안은 100점 중 80에서 시작해서 서서히 줄어들어 20분 후에 중간 정도(50)의 불안에서 훈련을 마쳤다.

이제 레이첼은 치료자와 다른 쪽 끝에 있는 의자에 앉을 수 있을 것 같았다. 다시 불안이 80으로 상승했다가 서서히 낮아져서 10분 후에는 50이 되었다. 레이첼과 치료자는 다른 칸의 지하철을 타고 치료실로 돌아왔다. 레이첼은 지치기는 했지만, 자신의 발전에 매우 기뻐했다. 회기를 시작할 때 그녀는 열차에 발을 올려놓는 것도 불가능하다고 생각했었지만, 마칠 때에는 중간 정도의 불안을 느끼면서 혼자 지하철을 탈 수가 있었다.

그다음 한 주 동안 레이첼은 매일 남편과 함께 지하철을 타기로 했다.

문제해결

노출이 불안을 감소시키는 데 매우 효과적인 방법이기는 하지만, 그 과정이 항상 쉬운 것은 아니다. 여기서 우리는 노출 기반 치료 동안 발생될 수 있는 보편적인 문제들과 해결 방법을 함께 설명한다.

문제 나는 어떤 특정상황을 두려워하거나 피하지 않는다. 공황발작은 언제나 갑자기 들이닥친다.

해결책 당신의 불안이 어떤 구체적인 상황과 관련이 없다면, 상황 노출 훈련을 할 필요가 없다. 그렇지만 이 책에서 설명한 다른 전략들을 비롯해 증상 노출(6장)과 안전행동을 제거하는 기법(7장)이 도움이 될 것이다.

문제 나는 너무 무서워서 노출 훈련을 할 수가 없다.

해결책 어떤 것에 대한 노출 훈련이 너무 어렵다면 조금 쉬운 것을 시도하라. 아무것도 안 하는 것보다는 뭔가를 훈련하는 것이 항상 더 낫다. 어려운 것을 연습할 때 도움을 받을 수 있는 사람을 찾고 싶을 것이다. 처음에는 불안을 줄이기 위해 다른 사람과 함께 연습하고, 다음에는 당신 혼자 연습할 수 있다.

문제 훈련 동안 불안이 줄어들지 않는다.

해결책 장시간 동안 상황에 노출됐음에도 불구하고 간혹 훈련을 하는 사람의 불안이 줄어들지 않는 것은 흔히 있을 수 있는 일이다. 불안이 도저히 줄어들지 않는다면 다른 날에 다시 시도해 보라. 그러나 이 문제가 지속된다면 노출 훈련 동안 당신이 무엇을 하고 있는지를 살펴보는 것이 좋다. 혹시 공황발작 동안 발생할 수 있는 온갖 끔찍한 것에 대해 반복적으로 생각하고 있었다면 4장에서 설명한 인지 전략을 활용해 보라. 불안 감소를 방해하는 다른 요인은 안전행동에 지나치게 의존하는 것이다. 안전행동과 또 다른 은연중에 하는 회피를 줄이는 일(7장에서 다룸)은 매우 중요하다.

문제 불안이 훈련과 훈련 사이에 되살아난다.

해결책 이것은 지극히 정상이다. 노출 훈련을 하는 동안 불안이 감소하지만 어느 정도의 불안은 회기와 회기 사이에 다시 나타나는데, 특히 훈련 사이의 간격이 길 때 그렇다. 훈련 후 너무 오랫동안 공백을 두지 말고 연이어서 하라. 훈련 간의 공백 동안 되살아나는 불안이 반복 노출을 통해 다시 줄어든다는 것을 결국은 알게 될 것이다.

문제 공황발작 동안 내가 그 상황에 버틸 수 있을지 자신이 없다.

해결책 앞에서 설명했듯이 불안이 다룰 수 있는 수준으로 줄어들 때까지 그 상황을 떠나지 않는 것이 최선의 방법이다. 불안이 너무 심해서 그 장소에 머물기가 어려운 경우를 위한 몇 가지 해결책이 있다. 첫째, 그 훈련을 조금 쉽게 하라. 예를 들어, 며칠 후에 그 훈련을 안전행동 없이 다시 할 작정을 하고, 초기에는 한두 가지 안전행동(예: 다른 사람을 동반하는 것)을 활용할 수 있다. 혹은 불안 정도는 높지만 더 쉽고 생활 속에 가까이 있는 것으로 전혀 다르게 연습할 수 있다. 그 상황을 떠나야 한다면, 불안이 줄어든 후에 다시 그 상황으로 돌아가도록 스스로를 독려할 수 있다. 그 상황에서 나왔다가 다시 돌아가는 것을 반복하면, 불안을 극복하는 데 시간은 조금 더 걸리겠지만, 실습은 여전히 효과가 있다. 마지막으로 노출 동안 공황발작을 잘 견디는 데 도움이 될 몇 가지 대처 문장들을 적어 놓는 것이 도움이 될 수 있다. 예를 들면 다음과 같다. "이 공황발작은 정점까지 갔다가 결국 사라질 것이다", "공황발작은 출렁이는 파도일 뿐이고, 나는 파도타기를 하는 것이다", "최악의 시나리오는 내가 불편한 감각을 느끼는 것일 뿐이다", "이 노출 연습이 끝나면 나는 아주 편안해질 것이다", "나는 불편한 신체적 감각들에 대처할 수 있다."

문제 너무 바빠서 노출 훈련을 할 수 있을 것 같지 않다.

해결책 당신의 일상생활 속에서 훈련을 하려고 노력하라. 예를 들어 외식을 해야할 때, 붐비는 식당에 가는 것이 당신의 불안 목록에 있다면 그런 곳에 가도록 노력하라. 일상에서 노출 계획을 세우되 노출 훈련을 중요한 약속처럼 계획하는 것이 좋다. 어쩌면 다른 일을 취소하거나 아기를 봐줄 사람을 구하는 것도 좋을 것이다.

문제 운전 중에 공황발작이 오면 위험할 것 같아 걱정된다.

해결책 이것은 보통 있는 일이다. 공황발작 동안 교통사고가 나지 않을 것이라고 약속할 수는 없다. 사실 공황장애가 없는 사람들도 가끔 교통사고를 당한다. 공황발작 동안 교통사고가 날 확률은 지극히 낮다. 공황증상이 주의를 분산시키는 것은 사실이지만, 운전하는 동안 주의를 산만하게 하는 것은 아주 많다(예: 음식물 먹기, 라디오 틀기, 전화 통화,

이메일 확인하기, 화장하기). 당신이 평소에 도로에 집중하면서 안전거리를 지키며 운전하는 사람이라면 충분히 안전할 것이다. 우리 치료실에 왔던 공황장애 내담자들 중 수백 명 이상의 사람들이 운전하는 것을 불안해했지만, 공황발작 때문에 교통사고가 났던 사람은 한 사람도 없다. 그래도 걱정이 된다면 사고 위험이 낮고 차가 적은 곳에서 연습을 시작하면 된다.

06 공황발작 때 경험했던
신체증상에 직면하라

여기서는 5장에서 배웠던 노출 전략들을 강화한다. 신체증상에 대한 불안이 어떻게 공황장애의 유지에 기여하는지를 배울 것이다. 당신을 불안하게 만드는 신체증상을 파악하고, 그것을 직면할 노출 전략들을 배운다. 이 연습을 하면서 신체증상에 대한 불안이 줄어들고, 감각에 대한 통제력이 향상되는 경험을 하게 될 것이다.

신체증상 회피의 역할

공황증상에 대한 불안은 공황장애를 유지시키는 핵심요인이다. 공황장애가 생기기 전에는 어쩌면 당신은 신체감각에 별 주의를 기울이지 않았을지도 모른다. 그러나 예상치 않은 공황 발작을 한 번 이상 경험한 뒤, 그 신체증상이 위험에 대한 신념과 결합되면서 주의를 기울여야 하는 중요한 감각으로 부각되었을 것이다. 신체 증상과 위험 가능성이 연합되고 나면, 사람들은 앞으로 들이닥칠지도 모르는 공황에 대비하기 위해 신체증상을 살피기 시작하고, 그러다가 특정 신체증상이 나타나면 불안이 촉발된다.

예를 들어, 두 아이를 둔 기혼의 성공한 사업가인 제프는 사회생활에 매우 바쁘다. 그는 지금까지 꽤 평탄하게 성공해 왔던 것에 대해 항상 감사하는 마음이었다. 그러던 어느 날 승용차로 출근을 하던 중 느닷없이 강한 신체증상들을 경험했다. 심장이 심하게 뛰고, 식은땀이 나며, 떨리기 시작했다. 가슴에 통증을 느꼈고 머릿속이 하얘졌다. 심장마비가 오고 있다고 확신했다. 제프는 의사를 만나기 위해 급히 병원으로 갔다. 여러 가지 검사들을 받았지만 심장에는 아무런 문제가 없다는 결과가 나왔다. 의사는 제프의 문제가 공황장애 때문이라고 말했다.

제프는 의사의 말이 믿겨지지 않았고, 여전히 자신의 심장에 뭔가 문제가 있는 거라고 생각했다. 그는 하루 종일 자신의 맥박을 모니터링하기 시작했다. 심장이 빨리 뛰기 시작할 때마다 심하게 불안해졌고, 이전과 비슷한 감각을 경험했다. 제프는 운전하기, 비행기 타기, 교외의 미팅에 참석하기, 밖에서 식사하기, 군중 속에 있기 등과 같은 다른 상황들도 불안해하기 시작했다. 운동을 해서 심장박동이 빨라지면, 그것이 공황발작을 일으킬 것 같아서 체육관에 가는 것도 중단했다.

이 사례는 신체증상에 대한 공포가 불안증상을 일으키는 장소와 활동을 어떻게 회피하게 만드는지를 잘 보여준다. 상황 노출이 그 상황에 대한 불안과 회피를 극복하도록 돕는 것처럼, 신체감각에 대한 직접 노출은 공황발작과 관련된 증상을 경험하는 것에 대한 불안을 극복하는 데 도움이 된다. 불안을 유발하는 신체감각을 의도적으로 유도하는 연습을 반복하면 그 감각에 대한 불안이 줄어들 것이다. 즉, 그 신체감각들이 전혀 위험하지 않다는 것을 체험적으로 배우게 되면서 감각에 대한 불안이 줄어들고, 점차 신체증상에 대한 통제력을 점차적으로 갖게 될 것이다. 강한 신체감각을 유도할 때 일어날 수 있는 최악의 일은 불편한 감각을 느끼는 것뿐이라는 것을 배우고, 연습을 반복함에 따라 강한 신체감각은 다가올 파국의 신호가 아니라 단지 성가신 경험일 뿐이라고 생각하게 될 것이다.

사람마다 공황발작 동안 어떤 증상을 경험하느냐에 따라 두려워하는 감각이 다르다. 제프의 경우 가장 두려워했던 감각은 심장이 쿵쾅거리며 뛰는 것이었다. 신체감각에 대한 불안을 해결하기 위해 첫 번째로 할 일은 불안을 유발하는 신체감각을 구체적으로 찾아내는 것이다.

exercise 21 불안증상과 그에 대한 자신의 생각을 점검해 보라

어떤 신체감각이 당신을 극도로 불안하게 하는지 최근에 있었던 공황발작을 떠올려 보고 다음의 각 질문들에 대한 대답을 기록해 보라.

- 당신이 가장 먼저 알아차린 신체감각은 무엇이었나?
- 그때 경험한 다른 신체감각은 어떤 것이었나?
- 당신이 주로 관찰(모니터링)하는 신체증상(예: 심장박동 증가, 구토나 배탈, 어지럼증, 비현실감 등)은 무엇인가?
- 신체감각을 유발할까 봐 피하는 어떤 활동이나 물질(예: 운동, 목에 달라붙는 셔츠를 입는 것, 차에서 히터를 트는 것, 카페인 등)이 있나?
- 당신이 두려워하는 신체증상에 대해서 생각할 때 파국적인 일을 이 감각들과 연관시키고 있나?(예: 어지럼증=기절, 심장 두근거림=심장마비, 구역질=구토, 비현실감=미치는 것)

증상들을 불러일으켜라 - 증상유도

두려워하는 신체감각들에 노출하는 훈련을 위해 다양한 증상을 의도적으로 유도하는 방법들이 개발되었다. 연습을 시작하기 전에 증상유도 실습 때문에 악화될 신체적 질병이 없음을 확인해야 한다. 예를 들어, 당신이 천식을 앓고 있다면 과호흡 실습은 피해야 하고 발목 부상이 있다면 제자리 뛰기는 하지 말아야 한다. 증상유도 실습으로 악화될 수 있는 질병에는 심장병, 두통, 발작장애가 포함된다. 만약 특정 실습의 안전성에 의구심이 든다면 병원을 방문해서 의사와 상의하기를 권한다.

증상유도 실험을 할 때는 신체감각을 아주 강하게 유발하는 것을 목표로 한다. 만약 감각이 너무 강렬해서 당신이 압도당하는 것 같이 느낀다면 실습을 권장 시간보다 짧게 해도 된다.

exercise 22 증상유도 실험하기

증상 노출 훈련을 하기 전에, 당신이 두려워하는 신체증상을 유발하기 위해 어떤 훈련이 가장 효과적인지를 찾는 것이 중요하다. 다음은 당신이 해 볼 수 있는 훈련의 목록이다.

훈련 목록

• 60초 동안 호흡을 깊고 빠르게 해서(1분에 약 60~90회) 과

호흡을 하라(어지럼증, 숨가쁨, 심장박동 증가, 저림, 찌릿찌릿함 같은 증상이 흔히 유발됨).

- 2분 동안 작고 좁은 빨대로 호흡하라. 연습하는 동안 코로 숨을 쉬지 마라. 이 때 코마개를 할 수도 있다(숨가쁨, 심장박동 증가, 숨막힘).
- 2분 동안 격렬하게 제자리 뛰기를 하라(심장박동 증가, 숨가쁨, 가슴 답답증).
- 1분 동안 바퀴가 달려 있는 의자에 앉아서 의자를 돌려라 (어지럼증, 심장박동 증가, 메스꺼움).
- 1분 동안 천정의 불빛을 응시한 후 글을 읽어라(뿌연 시야).
- 30초 동안 고개를 흔들어라(어지럼증).
- 30초 이상 숨을 참아라(숨가쁨, 어지럼증).
- 2~3초 또는 구토반사를 느낄 때까지 혀누르개(압설자)를 혀 뒤에 대라(숨막힘, 구토).
- 목에 달라붙는 셔츠를 입거나 넥타이, 스카프를 하라(목 조임).
- 3분 동안 벽에 있는 동전 크기만 한 점을 응시하라(비현실감).
- 사우나 같은 덥고 비좁은 방이나 히터를 틀어놓은 차에 앉아 있어라(더위, 땀).
- 5분 동안 머리에 코트를 뒤집어쓰고 옷장에 앉아 있어라 (숨막힘).

각각을 연습한 후에 즉시 다음 정보들을 기록하라.

1. 당신이 경험한 신체감각들은 무엇인가? (가장 보편적인 증상은 각 실습 뒤의 괄호에 적혀 있다.)
2. 신체감각의 강도를 0(전혀 없음)에서 100(극도로 강함)으로 평가하라.
3. 당신의 불안 정도를 0(전혀 없음)에서 100(극도의 불안)으로 평가하라.
4. 공황발작 때 경험하는 신체감각과 비슷한 정도를 0(전혀 비슷하지 않음)에서 100(극히 유사함)으로 평가하라.

증상유도 실험을 마치고 나면, 각 연습 때마다 경험했던 불안과 공황발작 때 경험하는 신체감각이 비슷한 정도를 비교하라. 가장 높은 불안을 유발하면서 공황발작과 가장 유사한 신체증상 세 가지를 찾아라. 이 세 가지 실습이 당신의 표적 훈련(target exercises)이 된다. 뒤에서 이 표적 훈련을 다시 설명하겠다.

신체증상 노출

불안을 촉발하는 신체감각을 유발하기 위한 몇 가지 훈련을 찾은 후, 다음으로 해야 할 일은 그 훈련을 반복해서 하는 것이다. 훈련을 하면서 비슷한 감각을 반복적으로 경험하겠지만, 실습을 하는 동안 불안은 줄어들 것이다. 훈련을 해가면서 공황발작 때 발생했던 신체증상과 공황에 대한 신념의 연합이 서서히 약해질 것이다.

상황 노출에 대한 지침(5장 참고)이 증상 노출에도 적용된다. 훈련은 미리 계획해야 하고, 자주(이상적으로는 하루에 2번) 그리고 불안 감소를 경험할 수 있을 만큼 충분히 긴 시간 동안 실시해야 한다. 노출 훈련 동안 안전행동(예: 누군가를 동반하거나 약을 가지고 있는 것)을 지양해야 하고, 노출 훈련을 하면서 떠오르는 불안한 생각들에 맞서는 훈련 또한 해야 한다(4장).

exercise 23 공포스러운 신체감각에 직면하기

한 주 동안 연습할 표적 훈련을 한 가지 선택하라. 매일 훈련할 시간을 정하고, 다음과 같은 절차를 따라 훈련하라.

1. 불안한 신체감각을 강하게 불러오기 위해 목표증상을 유발하는 운동을 하라.

2. 목표 운동을 한 직후, 다음의 질문에 대답해 보라.

- 운동을 하는 동안 또는 직후에 어떤 신체감각을 경험했나?
- 그 신체감각은 얼마나 강렬했나?(0에서 100으로 평가)
- 운동하는 동안 또는 운동 후에 당신이 경험한 불안을 0에서 100까지로 평가하라.
- 그 신체감각에 대해 어떤 불안한 생각을 했었나?
- 불안한 생각을 지지하거나 반대하는 증거들은 무엇인가?

3. 신체감각의 강도가 줄어들도록 몇 분을 기다리라. 신체증상이 상당히 줄어든 후, 이 표적 훈련을 1부터 3까지 다시 반복하라. 불안 수준이 처음의 절반 정도로 떨어질 때까지 반복하라. 예를 들어, 처음 표적 훈련을 시작할 때, 당신의 불안 정도가 70이었다면 불안이 35 이하로 떨어질 때까지 연습을 반복하라. 보통 6~7회의 반복이 필요하다.

다른 표적 훈련으로 이동하기 전에, 보통 한 표적 훈련에서 불안이 최소화될 때까지 그 훈련에 집중한다. 최소한 하루에 두 번 증상 노출 훈련을 하는 것이 좋다. 연습을 더 많이 할수록 더 빨리 불안이 감소하는 것을 알게 될 것이다. 일단 첫 표적 훈련을 해결하고 나면, 다음 표적 훈련으로 이 과정을 반복하라. 두

번째 표적 훈련으로 인한 불안증상이 최소화되었을 때, 세 번째 표적 훈련 목록을 가지고 위의 과정을 반복하면 된다.

증상 노출 훈련을 할 때, 불안을 느끼는 것은 지극히 정상임을 기억하라. 아마도 '없어졌으면 하는 공황감각을 왜 내가 일부러 불러와야 하나? 이 실습은 미친 짓이다.'라고 생각할 수도 있다. 그러나 신체증상에 대한 불안을 극복하기 위해서 그 증상을 통제할 수 있는 상황 안에서 반복적으로 경험하는 것은 많은 도움이 된다. 신체감각에 대한 불안이 공황장애를 유지시키는 역할을 하기 때문에, 그 신체증상을 두려워하면서 계속 피한다면 치료는 더욱 어려워진다. 불안을 유발시키는 감각에 직면함에 따라 신체증상에 대한 통제력이 더 커지면서 불안이 줄어들고, 신체감각이 더 이상 불안을 유발하지 않게 되면서 당신은 공황장애를 정복하게 될 것이다.

만약 당신이 현기증(어지럼증)이나 당뇨병(떨림, 심계항진*), 천식(숨가쁨, 호흡곤란)처럼 증상을 유발하는 질병을 앓고 있다면, 그 증상이 공황으로 인한 것인지 질병으로 인한 것인지를 변별하기 위해 증상을 모니터링할 필요가 있다. 처음에는 구분이 어려울 수 있지만, 자신의 증상을 계속 관찰함으로써 질병증

......

* 심장박동을 느끼며 불편감을 느끼는 상태를 가리키며 현기증이나 호흡곤란을 동반하기도 한다.

상과 공황증상을 더 잘 구분할 수 있게 된다. 질병으로 인한 증상들이라면 다른 대처방법(예: 당뇨병 환자가 혈당을 유지하기 위해 인슐린 주사를 맞는 것 또는 천식환자가 흡입기를 사용하는 것)이 필요하다는 신호일 수 있기 때문에 이 변별작업은 중요하다. 그러나 신체증상이 공황으로 인한 것이라면 불안을 유지시키는 반응을 멈추는 것이 중요하다.

현진 씨의 증상 노출 훈련

6세 아들과 3세 딸의 엄마인 현진 씨(32세)는 범불안장애와 우울증을 오랫동안 앓아왔다. 딸 아이를 출산하기 전에 남편은 집을 나가 현재까지 소식이 없는 상태였으며, 현진 씨는 기초수급과 장애수당으로 생활을 해왔다. 어느 날 갑자기 찾아온 공황발작으로 인해 현진 씨의 불안 증상은 더 악화되었고, 바우처 프로그램으로 심리상담에 참여하게 되었다. 현진 씨는 치료자의 제안에 따라 공황장애 치료에 초점을 두어 상담을 하기로 동의했고, 심리교육 및 초기 회기가 진행된 후에 증상 노출 훈련을 하기로 했다. 현진 씨가 가장 두려워하는 신체감각 중 하나는 머릿속이 하얗게 되어 기절할 것 같은 어지럼증이었으며, 그에 대한 불안의 정도는 85~90 정도이고, 이때 현진 씨는 주저앉는 행동으로 불안을 진정시켜왔다(안전행동).

이 증상을 유도하기 위해 현진 씨는 치료자와 함께 호흡을 깊고 빠르게 했고, 어지럼증과 가슴 답답함에 대한 불안이 70인 정점에서 과호흡을 멈추었다. 이때 현진 씨는 너무 불안해서 주저앉고 싶다고 했지만, 치료자는 그 신체감각으로부터 회피하고자 하는 현진 씨를 안심시키며 오히려 그 감각과 감각에 대한 생각들을 있는 그대로 말로 기술(describe)해 보도록 안내했다. 이때 현진 씨는 팔저림과 가슴과 목에서 느껴지는 답답함을 호소했고, "내가 빨리 앉아서 진정하지 않으면 이러다가 죽을지도 몰라.", "내가 죽으면 우리 애들은 고아가 된다."와 같은 불안사고(결과에 대한 과장과 파국적인 해석)로 마음이 복잡함을 알아차렸다. 증상유도 호흡을 멈춘 후 시간이 지남에 따라 현진 씨의 불안은 서서히 줄어들어 50까지 감소했다. 그때 실습을 중단하고 치료자와 현진 씨는 이 증상 노출 훈련을 검토했다. 회기가 끝나기 전에 증상 노출 훈련을 한 번 더 실시했고, 이를 통해 현진 씨는 신체증상에 대한 노출이 위험한 것이 아니며 불안은 서서히 줄어든다는 것을 경험했다. 현진 씨는 다음 회기까지 매일 두 번씩 증상 노출 훈련을 반복하기로 동의하며 회기를 마쳤다.

증상을 촉발하는 활동 직면하기

공황과 연합된 상황을 피하는 것처럼 당신은 두려운 신체적 감각을 유발하는 특정 활동 역시 피할 것이다. 운동이 심장박동 수를 높이고 공황발작으로 이어질 수 있다는 걱정 때문에 체육관에 가는 것을 회피했던 제프를 떠올려 보라. 신체증상을 초래하기 때문에 회피하는 대표적인 활동들은 다음과 같다.

- 체육관 가기
- 스포츠에 참여하기(예, 하키나 축구 게임)
- 달리기나 조깅
- 속보하기
- 등산
- 카페인 섭취(차, 커피, 소다수, 초콜릿)
- 뜨거운 음료 마시기
- 꽉 조이는 옷이나 따뜻한 옷 입기(목에 달라붙는 셔츠, 넥타이, 두꺼운 스웨터)
- 액션 영화나 공포영화 보기
- 계단 올라가기
- 100% 괜찮다는 느낌이 없을 때 외출하는 것
- 안전한 사람과 동행할 수 있을 때만 또는 안전행동을 할

수 있을 때만(휴대전화나 약을 소지하기, 안전하다는 것을 확
인하기 위해 신체증상을 반복적으로 체크하기) 위의 활동들을
하기

강렬한 신체증상이나 그것을 야기하는 활동을 회피하는 것
은 공황발작과 신체증상에 대한 당신의 불안을 유지되게 만든
다. 두려워하는 상황에 점차적으로 직면했던 것처럼(5장), 불
편한 신체증상을 일으키는 활동도 점차적으로 직면할 필요가
있다.

exercise 24 신체적 증상에 직면하기

공황증상을 불러일으킨다는 이유 때문에 당신이 두려워하거
나 회피하는 활동들을 적어 보라. 이런 활동들을 해내기 위해
당신이 사용하는 안전행동에 대해 생각해 보라. 5장에서 설명
한 단계를 따라서 당신이 두려워하거나 회피하는 신체활동의
노출 위계 목록을 만들어 보라. 옆 칸에 그 활동을 하는 동안
안전행동을 하는 경우와 하지 않을 경우의 불안 정도를 0(불
안 없음, 회피 없음)에서 100(매우 불안, 항상 회피)으로 평가하여
기록하라.

예를 들어 제프의 활동 위계는 다음과 같다.

신체활동	불안 정도
휴대전화 없이 혼자 체육관 가기	100
심장박동이 빨라질 때 주저앉지 않고 하던 일을 계속하기	90
혼자 집 주변을 달리기	85
휴대전화를 소지하고 혼자 체육관에 가기	75
집에서 계단 올라가기	70
친구와 함께 집 주변을 달리기	65
출근길에 에스프레소 커피를 마시기	55
심장박동이 빨라지는 것을 알아차렸을 때 맥박을 체크하지 않기	50
친구와 함께 체육관에 가기	45

일단 활동 위계 목록을 완성했으면 5장에서 배운 순서대로 노출 훈련을 할 수 있다. 다음의 원칙들을 기억하라.

- 최소한 중간 정도의 불안을 유발하는 활동을 선택하라.
- 각 활동에 대해 최소한 한 주에 2~3회, 몇 주 또는 몇 달 동안 (더 이상 불안하지 않을 때까지) 연습하라.
- 예측과 통제가 가능하고 자주 훈련할 수 있도록 미리 계획을 세워라.
- 훈련하는 동안, 불안의 정도를 모니터링하라(0에서 100 척도로).
- 불안이 상당히 감소하는 것을 경험할 만큼 충분히 길게 훈련을 하라.

- 안전행동을 하지 말라(예: 맥박을 확인하거나 주의를 분산시키지 말라).
- 4장에서 배운 기법들을 활용해서 노출 동안 불안사고를 반박하는 훈련을 하라.

상황 노출과 증상 노출을 통합하라

증상 노출 훈련을 통해 신체증상들을 촉발하는 활동에 대한 회피를 극복했으면, 마지막 할 일은 5장에서 훈련한 상황 노출과 증상 노출을 통합하는 것이다. 상황 노출과 증상 노출을 통합한 훈련을 통해 비교적 안전한 장소(예: 집)에서뿐만 아니라, 당신이 두려워하는 장소에서도 이 증상들을 경험할 수 있다는 것을 알게 될 것이다.

상황 노출과 증상 노출의 통합을 위한 지침은 (5장에서 설명한 것과 같이) 다른 형태의 노출과 비슷하다. 예를 들면, 제프는 심장박동의 증가와 복잡한 쇼핑몰에 가는 것을 결합시켰다. 그는 주차장에서부터 쇼핑몰의 입구까지 걸었다(물론 차들을 조심하면서). 그는 심장박동이 빨라지도록 **빠른** 걸음으로 쇼핑몰 주변을 걸었고, 쇼핑몰 안에서는 계단을 오르내렸다. 처음에는 불안이 80으로 높았지만 연습을 하면서 40으로 낮아졌다.

exercise 25 불안증상과 상황에 같이 직면하기

5장에서 작성한 상황 노출 위계를 살펴보라. 이 장에서 연습한 표적 증상 노출 중 하나와 상황 노출을 통합해서 5~10개의 목록을 작성하라. 당신이 두려워하는 신체증상을 유발할 것 같은 다른 운동도 포함시킬 수 있다. 다음 몇 주 동안 노출지침을 활용하면서 당신의 통합 목록에 있는 것들을 훈련하라. 훈련을 많이 할수록 더 빨리 효과를 경험하게 될 것이다.

07 안전행동과 회피행동을 중단하라

당신은 5장과 6장에서 두려워하는 상황과 감각에 대한 직접 노출을 시작했다. 노출 훈련이 불안을 감소시키는 가장 효과적인 방법인 이유는, 공황발작이 일어나는 동안 흔히 예상하는 파국적인 일이 거의 일어나지 않는다는 것을 배우는 계기가 되기 때문이다. 그러나 많은 경우, 상황 노출 동안 은연중에 하는 회피나 안전행동에 지나치게 의존하기 때문에 노출의 효과가 약화된다. 다시 말해, 많은 사람들이 불안한 상황을 직면하면 만에 하나 발생할지도 모를 일에 대비하기 위해 '안전장치'를 사용한다.

사람들은 안전행동을 통해 불안을 어느 정도 통제할 수 있기 때문에 그 행동을 자주 하는데, 이것은 두려워하는 상황과 신체증상이 실제로는 전혀 위험하지 않음을 배울 수 없게 만든다. 예를 들어, 심한 불안을 경험할 때마다 주저앉아서 심장박동이 빨라지는 것을 방지한다면, 당신이 불안을 잘 견딘 유일한 이유가 앉은 자세로 진정시켰기 때문이라고 생각할 수 있다. 당신이 앉거나 걷거나 머리를 들고 서거나 공황발작은 전혀 위험하지 않다는 것을 경험적으로 배우는 것이 중요하다. 이 장의 목표는 당신이 가장 자주 사용하는 안전행동을 찾고, 그것을 제거해서 노출 훈련의 효과를 최대한으로 높일 수 있도록 돕는 것이다.

흔히 사용하는 안전행동

다음은 공황발작이나 공황장애를 앓는 사람들이 흔히 사용하는 안전행동과 은연중에 하는 회피행동이다. 다음의 목록들을 살펴보면서 당신이 이런 방법을 사용하는지, 여기에는 없지만 불안을 견디기 위해 당신이 취하는 다른 행동은 없는지를 살펴보라.

안전물건을 가지고 다니기 공황장애 환자들은 불안과 공포를 통제하기 위해 안전감을 느끼게 해 주는 다양한 물건들을 소지하고 다닌다. 예를 들어, 먹을 의도가 없으면서도 약을 들고 다니거나 목이 탈 때를 대비해 마실 것(예: 물병)이나 사탕을 챙긴다. 중요한 대목에 줄을 그어 놓은 다양한 자조도서를 지니고 있지 않으면 불안해하는 사람도 있고, (응급시 전화할 때 사용할) 동전이나 휴대전화, (과호흡이나 토할 때 사용할) 종이봉투, 심지어는 혈압계를 들고 다니는 사람도 있다.

주의분산 주의분산은 흔히 불안을 조절하기 위해 사용하는 방법이다. 어떤 상황을 물리적으로 피할 수 없을 때 사람들은 정신적으로라도 피하려고 노력한다. 다른 장소에 있다고 상상하기, 신체증상이 아닌 다른 것에 집중하기, 비행기나 차에서 옆자리에 앉은 사람과 이야기하기, 책 읽기, 집안일을 정신없이 하기, TV 시청하기, 마음속으로 노래하기, 음악 듣기와 같은 것이 주의분산의 예들이다. 일반적으로 독서, 다른 사람과 이야기하는 것, 집안일을 하는 것이 문제될 것은 없다. 다만 이 행동들이 두려워하는 공황증상을 피하기 위한 필사적인 노력의 일환이라면 문제가 되는 것이다. 다른 모든 안전행동처럼 주의분산도 불안과 공포의 순간이 위험하지 않다는 것을 배우는 것을 방해한다.

안도감 추구 불안하거나 공황상태에 빠질 때, 당신이 죽거나 미치거나 통제력을 상실할 것 같은 느낌이 사실이 아님을 확신하기 위해 다른 사람에게 확인하는가? 누구나 불안에서 벗어나 안심하기를 원하지만, 안도감 추구가 습관이 되면 공황발작을 극복할 당신 스스로의 능력이 약화될 수 있고, 당신의 주변사람들에게도 스트레스가 될 수 있다.

점검 행동 당신의 맥박이나 호흡수 또는 혈압을 점검하는 것은 안도감 추구의 또 다른 예일 뿐이다. 만약 당신이 신체적으로 건강하다면, 공황발작 동안 당신의 신체가 어떤 반응을 하든 그것은 중요하지 않다. 점검 행동은 불안을 부추기며 신체증상에 더 주의를 기울이게 할 뿐이다.

다른 사람과 동행하기 안전한 사람과 동행하려는 욕구는 공황장애와 광장공포증의 전형적인 특징이다. 사람들은 대개 배우자나 가족 구성원 또는 친한 친구와 함께 있을 때 더 안전하게 느낀다. 또 특히 안전한 사람(배우자 또는 부모)과 언제든 연락가능하게 항상 휴대전화를 소지하라고 요구하기도 한다. 다른 사람에 대한 의존성이 커지는 것은 독립심을 약화시키고 자신감을 무너뜨린다. 치료 초기에 불안과 공황상태가 심해지더라도 혼자 더 많은 시간을 보내는 것이 도움이 된다.

비상구 가까이 앉기 공황발작을 경험하는 사람들은 흔히 버스나 지하철, 식당이나 극장의 비상구 가까이에 앉는 것을 더 안전하게 느낀다. 극장이나 영화관, 강의실에서는 복도 쪽 자리에 앉으려는 경향이 있고, 고속도로를 운전할 때 왼쪽 차선보다 오른쪽 차선에 있는 것을 더 편하게 생각한다. 비상구와 가까이 있으면 공황발작이 발생했을 때 도망치기가 더 쉽기 때문에 더 안전하게 느낀다. 4장에서 설명했듯이 "이 상황에서 공황발작이 일어난다고 해도 내가 왜 도망을 쳐야 하지?"라고 자문하는 것이 도움이 될 것이다. 비상구 가까이 있는 것은 오히려 당신이 불안에 정면으로 대면하는 것을 방해한다.

종이봉투에 대고 호흡하기 어떤 사람은 불안하거나 공황에 빠지면 종이봉투에 입을 대고 호흡을 한다. 이 전략이 단기간에는 도움이 되는 것처럼 보이지만, 실제로 이 방법이 도움이 된다고 밝힌 연구는 없다(다만, '이렇게 하면 불안이 줄어든다'고 믿는 것만으로도 가끔은 실제로 증상의 감소 효과가 있다). 아무튼 이것은 또 다른 형태의 회피행동일 뿐이며 장기적으로는 도움이 되지 않는다. 공황증상들이 위험한 것이 아니라는 것을 배우기 위해서는 증상을 회피하기 위해 은연중에 하는 모든 회피행동들을 중단해야 한다.

불안을 조절하기 위해 술이나 약물을 사용 불안에 대처하기 위해 사람들이 술을 마시는 것은 흔히 있는 일이다. 사실 술은 뇌에서 많은 항불안제, 특히 벤조디아제핀계(10장 참고)와 같은 화학적 작용을 한다. 다른 합법 또는 불법 약물들도 단기간에는 불안을 감소시킨다. 그러나 약물이 단기적으로는 불안을 감소시키지만 나중에는 금단증상을 유도할 수도 있다는 것을 알아야 한다. 술의 경우는 금단증상이 분명히 있다. 술이 처음에는 불안을 줄여 줄 수 있지만, 몇 시간 후에는 술을 마시지 않는 것보다 더 공황에 빠지게 할 수 있다. 게다가 술과 약물에 대한 지나친 의존은 불안을 경험하는 것이 절대로 위험한 것이 아님을 배울 기회를 박탈하고, 당신의 인생에 또 다른 문제를 야기한다.

환경 통제하기 종종 공황장애가 있는 사람들은 공황장애 증상을 통제하는 방법으로 자신의 주변 환경을 바꾼다. 예를 들면, 화장실이나 진료실의 문을 열어 놓기를 고집할 수 있다. 또는 신선한 공기를 들이마시기 위해 자동차의 창문을 열어 놓거나 히터 사용을 회피할 수도 있다. 공황상태에 취약한 사람들은 잠을 잘 때 주의분산을 위해 방의 조명등이나 TV를 켜 놓는다. 이렇게 함으로써 불안해지는 것을 회피하고, 빨리 잠이 들 수 있다고 생각한다.

지수 씨의 안전행동

지하철에서 처음 공황발작을 경험했던 지수 씨는 스스로 그 증상을 이겨내기 위해 다양한 안전행동을 개발했다. 불안한 신체감각에 집중하지 않기 위해 지하철에서 항상 음악을 듣거나, 남자친구 또는 평소에 도움을 많이 주는 사람과 통화를 하거나, 불안할 때 도움을 요청하기 위해 휴대폰을 항상 들고 있거나, 약, 물병, 종이봉투 등을 항상 소지하고 다녔다. 지수 씨는 이런 전략들이 불안을 회피하기 위한 것이었음을 이해하면서, 노출 훈련을 할 때 이 안전행동들을 서서히 중단하기로 했다.

exercise 26 당신의 안전행동을 찾아라

당신이 불안을 조절하기 위해 사용하는 전략들을 적어보라. 앞에서 설명한 안전행동이나 당신이 생각하는 다른 행동들을 떠올려 보라. 이 행동들을 중단하면 얼마나 불안할까를 생각해 보라. 은연중에 하는 어떤 회피전략을 중단한다고 생각할 때 불안해진다면, 바로 그 행동이 당신의 공황장애 극복을 위해 반드시 제거되어야 할 행동일 것이다.

은연중의 회피행동과 안전행동 제거하기

당신이 사용하는 교묘한 회피행동을 찾았으면 이제 그것들을 중단하기 시작할 때이다. 이 작업은 점차적으로 해 나갈 수 있는데, 이미 하고 있는 노출 훈련 안에 삽입할 수도 있다. 예를 들어 당신이 고속도로에서 운전하기를 연습하면서 항상 오른쪽 차선에 머물러 있었다면, 자연스럽게 다음 단계는 왼쪽 차선으로 운전하기 시작하는 것이다. 마찬가지로 당신이 노출 훈련을 할 때 어떤 물건(예: 약)을 항상 지니고 다녔다면, 다음 훈련 때는 그 물건을 집에 두거나 다른 사람에게 맡겨보라.

exercise 27 안전행동 줄이기

노출 훈련 동안이나 평소에 어떤 안전행동을 계속 사용해 왔다면, 다음 몇 주 동안 그 행동들을 차츰 줄여 보라. 각각의 훈련 동안 경험하는 불안사고와 불안의 정도를 0~100으로 평가해서 기록해 보라. 마음속에 일어나는 불안신념을 공략하기 위해 4장에서 배운 인지 전략들을 계속 사용하라.

08 정상적으로
호흡하는 것을 배워라

과호흡은 너무 빨리 숨을 쉴 때 발생되는 것으로 스트레스가 있거나 공포를 느낄 때 과호흡을 하는 것은 정상이다. 과호흡은 위험하지는 않지만 두통, 어지럼증, 저림, 찌릿찌릿함, 가슴 조임, 오한, 비현실감, 숨가쁨과 같은 불편한 신체감각을 유발할 수 있다. 이런 증상들은 몸에 필요 이상의 산소가 유입되어 혈중 이산화탄소량이 감소함으로써 유발된다. 과호흡은 종종 강한 정서를 불러일으킬 뿐만 아니라 습관이 될 수 있다. 달리 말하면, 어떤 사람들은 평소에 필요 이상으로 자주 숨을 쉬는데, 이것은 불안 증상들을 초래할 수 있다.

공황장애에서 과호흡의 역할

공황장애의 유지에 호흡이 어떤 역할을 하는가에 대한 여러 가지 주장이 있다. 불규칙한 호흡이 공황장애를 지속시키는 역할을 할 수 있다는 연구결과가 있다.[1] 또 어떤 연구에 따르면, 공황장애 환자들은 불안장애나 불안 문제가 없는 사람들과 비교해서 더 빨리 숨을 쉬는 경향이 있다.[2] 반면, 다른 연구자들은[3] 과호흡이 공황발작 촉발에 중요한 역할을 하지 않는다고 주장한다.

공황장애의 어떤 하위 집단은 더 과호흡하기 쉬운 경향을 보인다.[4] 이 사람들의 경우, 호흡을 정상화시키는 방법을 배우는 것(호흡 재훈련)이 효과적인 방법일 수 있다. 이 책에서 다루는 호흡 재훈련 전략은 라피[5]와 크래스키 및 발로우[6]가 제안한 방법을 따른 것이다.

당신은 과호흡 경향이 있는가? 호흡 재훈련이 당신에게 도움이 되는 전략인지를 알아보기 위해 먼저 당신의 호흡을 평가해 보라.

exercise 28 당신의 호흡을 평가하라

60초 동안 다른 사람에게 당신의 호흡을 세어 보라고 하라(예: 가슴의 움직임). 당신이 호흡에 신경을 쓰는 순간 그 패턴이 달라질 수 있기 때문에, 당신이 모르는 동안 호흡을 세는 것이 바람직하다. 1분 동안 당신이 몇 번이나 호흡하는지를 기록하라. 정상적 호흡수는 1분에 10~14회이다. 만약 당신의 호흡수가 이것보다 많다면 호흡 재훈련이 도움이 될 것이다.

이제 몇 분 동안 호흡에 주의를 집중하라. 숨을 들이쉴 때 상체의 어느 부분이 움직이나? 만약 가슴의 위쪽이 움직이면 당신은 과호흡할 가능성이 높다(숨을 너무 빨리 쉬면 횡경막보다 가슴 위쪽 근육을 더 많이 사용하는 것이다). 만약 숨을 들이쉴 때 복부가 움직인다면 당신은 이미 적절하게 호흡을 하고 있고 호흡 재훈련 기법이 필요하지 않을 수 있다.

만약 당신이 흉식호흡을 하는지 복식호흡을 하는지를 잘 모르겠으면 다음과 같이 해 보라.

- 엄지손가락이 목 바로 아래부분에 닿도록 손을 가슴에 놓고, 다른 손은 새끼손가락이 배꼽에 놓이게 해서 복부에 놓으라. 이제 평소처럼 숨을 쉬어 보라. 숨을 들이쉬고 내쉴 때 어느 손이 좀 더 많이 움직이는가?
- 다음에는 숨을 쉬면서 가슴을 안팎으로 움직여 보라. 가슴으로 숨을 쉴 때 당신의 호흡이 바뀌는가? 당신의 경험을 기록하라.
- 그다음 몇 분 동안 숨을 쉬면서 배를 움직여 보라. 배로 호흡하면서 당신의 호흡이 어떻게 변하는지를 기록하라.

가슴으로 숨을 쉴 때 배로 숨을 쉴 때보다 숨이 더 얕아지고 호흡수도 많아지는 반면, 복식호흡을 할 때는 호흡이 더 느리고 편안해진다는 것을 알게 됐을 것이다. 이 연습은 흉식호흡이 어떻게 과호흡 증상들을 유도하는지를 잘 보여 준다. 공황 증상들이 실제로는 과호흡으로 인해 유발되었음에도 불구하고 느닷없이 들이닥치는 것처럼 보일 수 있다. 횡경막을 사용하는 복식호흡법을 배우는 것이 호흡 재훈련의 목표이다. 이 전략은 전문 성악인이나 요가인과 같이 호흡법이 중요한 사람들의 호흡방식과 비슷하다. 그다음 몇 분 동안 숨을 쉬면서 배를 움직여 보라. 배로 호흡하면서 당신의 호흡이 어떻게 변하는지를 기록하라.

호흡 재훈련

호흡 재훈련이 도움은 되겠지만 공황장애 치료의 핵심요소는 아니다.[7] 사실 호흡 재훈련은 어떤 면에서는 지금까지 훈련하면서 개발해 왔던 인지 전략과 행동 전략에 방해가 될 수도 있다. 만약 사람들이 호흡 재훈련을 공황증상으로부터의 회피나 도피, 자신의 주의를 분산시키기 위한 수단으로 사용할 경우 그런 일이 발생한다. 이런 경우, 호흡 재훈련은 공황발작 동안 당신이 예측하는 파국적인 일들이 일어나지 않는다는 것을 배울 수 없게 만든다. 과호흡 증상을 감소시키거나 이완을 위한 일반적 전략으로 호흡 재훈련을 하는 것은 더할 나위 없이 좋지만, 당신이 위험으로 인식하는 신체증상을 피하기 위한 안전행동으로 활용하지는 않아야 한다. 즉, 공황발작시 경험하는 신체증상과 그에 대한 파국적인 해석을 있는 그대로 자각하면서, 지금 현재의 호흡을 자각하는 마음챙김적 자세로 호흡 재훈련을 활용하기를 권한다. 그러면 앞서 설명한 노출기반 전략과 인지적 전략을 핵심 기법으로 하여 불안을 극복해 나갈 수 있다. 호흡 재훈련은 특히 과호흡 경향이 있는 사람들에게 도움이 된다.

exercise 29 호흡을 정상화하기

호흡 재훈련의 목적은 횡경막을 이용해 보다 느리고 편안한 속도로 호흡하는 방법을 배우는 것이다. 느린 호흡은 깊은 호흡과 혼돈하면 안 되며, 깊은 호흡은 실제로 과호흡의 원인이 되기도 한다. (만약 비치볼이나 풍선을 많이 불어 본 적이 있다면, 너무 깊고 느린 호흡이 어지럼증과 다른 여러 증상들을 일으킬 수 있음을 알 것이다.) 가능하면 코로 호흡하라. 다만 알레르기가 있거나 감기에 걸렸다면 코로 호흡하는 것이 더 힘들 수도 있다.

1단계 횡경막을 이용해서 호흡하기 엄지손가락이 목 바로 아랫부분에 닿도록 해서 손을 가슴에 놓고, 다른 한 손은 새끼손가락이 배꼽에 놓이게 해서 배에 놓으라. 이제 평소처럼 숨을 쉬어 보라. 숨을 들이쉴 때 배가 약간 나오도록 횡경막을 이용해서 호흡하는 연습을 하라. 편안해질 때까지 같은 방식으로 호흡을 계속하라. 앉아서 하는 것이 불편하면 등을 대고 누워서 할 수도 있다.

연습을 하는 동안 숨을 들이쉴 때마다 숫자를 세라. 열까지 센 후, 하나부터 다시 호흡을 세라. 숨을 내쉴 때마다 '편안하다'라고 마음속으로 되뇌어 보라. 그래서 생각이 "하나-편안하다. 둘-편안하다. 셋-편안하다. 넷-편안하다. 다섯-편안하다. 여섯-편안하다. 일곱-편안하다. 여덟-편안하다. 아홉-편안하다. 열-편안하다."라고 되뇌이는 데 집중되어야 한다. 숨을 내쉴 때 마음속으로 편안하다고 되뇌이면서 더 이완되는 자신을 상상하도록 하라.

다음 한 주 동안은 숫자 세기 및 이완 훈련과 함께 횡경막을 이용하면서(복식호흡) 코로 호흡하는 것을 연습하라. 최소한 하루 한 번 10분 동안 연습해야 한다. 보통 정도로 호흡수를 유지하려고 노력하라. 아직은 호흡 횟수를 줄이려고 노력하지 마라. 1단계에서는 불안이 촉발되지 않은 상황에서 이 연습을 하라(예: 편안할 때, 집의 조용한 방에서).

2단계 느리게 호흡하기 평상시와 같은 속도로 일주일 동안 호흡 연습을 마친 후, 다음 단계는 더 느리게 호흡을 하는 것이다. 호흡을 할 때 3초간 들이쉬고 3초간 내쉬는 것이 바람직하다. 숨을 들이쉬고 내쉴 때 셋까지 숫자를 세라. 들이쉬면서 열까지 세고 내쉬면서 '편안하다'라고 되뇌이는 것도 기억하라. 즉, 당신은 1단계에서처럼 각 들숨과 날숨에서 숫자를 세는 것을 통합해야 한다. 조금 복잡하니까 연습을 해 보자.

첫 번째 들숨/날숨: "하나 – 둘 – 셋, 편안하다 – 둘 – 셋"

두 번째 들숨/날숨: "둘 – 둘 – 셋, 편안하다 – 둘 – 셋"

세 번째 들숨/날숨: "셋 – 둘 – 셋, 편안하다 – 둘 – 셋"

네 번째 들숨/날숨: "넷 – 둘 – 셋, 편안하다 – 둘 – 셋"

다섯 번째 들숨/날숨: "다섯 – 둘 – 셋, 편안하다 – 둘 – 셋"

여섯 번째 들숨/날숨: "여섯 – 둘 – 셋, 편안하다 – 둘 – 셋"

일곱 번째 들숨/날숨: "일곱 – 둘 – 셋, 편안하다 – 둘 – 셋"

여덟 번째 들숨/날숨: "여덟 – 둘 – 셋, 편안하다 – 둘 – 셋"

아홉 번째 들숨/날숨: "아홉 – 둘 – 셋, 편안하다 – 둘 – 셋"

열 번째 들숨/날숨: "열 – 둘 – 셋, 편안하다 – 둘 – 셋"

열 번째 호흡을 마친 후 다시 "하나 – 둘 – 셋, 편안하다 – 둘 – 셋"으로 돌아가서 열까지 다시 세라. 다음 한 주 동안, 최소한 하루에 두 번씩 10분 동안 천천히 호흡 연습을 계속하라. 현 단계에서는 조용하고 편안한 곳에서 연습하라.

3단계 불안 유발 상황에서 연습하기 호흡 연습이 편안해지면 이제 더 불안할 때나 불안을 야기하는 상황에서 훈련을 시작할 수 있다. 호흡 재훈련 연습을 하기 전과 후에 당신의 불안을 0~100으로 평가해서 기록하라. 호흡 재훈련은 불안과 스트레스를 낮추기 위한 일반적인 방법임을 기억하라. 불안증상을 경험하는 것을 회피하기 위한 수단으로 사용해서는 안 된다.

문제해결

호흡 재훈련 기법을 활용하는 동안, 몇 가지 어려움이 있을 수 있다. 아래는 보편적으로 경험하는 문제점과 해결책들이다.

문제 생각이 너무 많고 주의가 산만해져서 호흡 연습에 집중하기가 어렵다.

해결책 호흡 연습을 할 때 10까지 세는 데 집중하라. 다른 생각이 떠올라도 괜찮다. 그 생각을 알아차리고, 다시 숨을 쉬면서 호흡을 세는 것으로 주의를 되돌려라. 하나로 돌아와서 다시 세기 시작하라. 이렇게 호흡하는 것은 훈련이 필요한 기술이다. 연습을 계속하면서 생각이 떠올랐을 때 다시 호흡으로 주의를 돌리는 것이 쉬워질 것이다.

문제 3초 동안 숨을 들이쉬고 내쉬는 것이 어렵다.

해결책 어떤 사람에게는 3초가 들숨이나 날숨에 충분히 길지 않다. 3초가 너무 짧다면 들숨과 날숨을 각각 4초로 해 보라. 만약 숫자를 세는 것이 어렵거나 주의가 분산되면, 날숨 동안 호흡을 더 천천히 하면서 마음속으로 '편안하다'를 반복하며 집중하되, 한 주 정도는 호흡을 세는 것은 쉬어라. 이후에 긴 호흡이 더 편안해지면 다시 쉽게 호흡 세기를 시도하면 된다. 이런 호흡법은 시간과 훈련이 필요한 기술이다. 단숨에 익숙해지기는 어렵고, 원래부터 과호흡 경향이 있다면 더욱 더 그렇다.

문제 호흡 재훈련을 하면 불안해진다.

해결책 호흡 연습을 할 때 어느 정도 불안해지는 것은 정상이다. 신체감각에 초점을 두는 훈련이 불안을 야기하는 것은 자연스러운 것이다. 이럴 때 그러려니 하고 연습을 계속하라. 연습이 차츰 편안해지면서 불안도 줄어들 것이다.

09 생활 스트레스를 줄이고
건강을 증진하라

스트레스는 삶의 일부이다. 스트레스의 요인은 중요한 생활 사건(예: 가까운 사람의 죽음, 실직 또는 이직, 전학, 출산, 이사, 결혼 또는 이혼 등)에서부터 일상의 사소한 일(예: 약속에 늦는 것, 여유시간이 없음, 할 일이 너무 많은 것, 친한 사람과의 갈등)까지 다양하다. 삶에 있어서 거의 모든 변화는 긍정적이든 부정적이든 스트레스의 원인이 될 수 있다.

스트레스는 공황장애의 발병과 유지에 중요한 역할을 한다. 우리 치료실에 오는 많은 환자들은 스트레스 사건을 겪는 도중 또는 직후에 공황장애가 처음 시작되었다고 말했다. 게다가 공황장애 환자들이 보통 사람들보다 스트레스에 좀 더 민감할 수 있다는 연구들이 있다. 한 연구에 따르면 공황장애 환자들은 불안이나 다른 심리적 문제가 없는 사람들보다 일상적 사건에서 심장박동수(스트레스 반응을 측정하는 방식)의 변화가 큰 편이다.[1] 또 다른 연구에 따르면 지속적인 생활 스트레스는 공황장애 치료를 방해할 수 있다.[2]

exercise 30 과거와 현재의 스트레스 근원 찾기

이 훈련의 목적은 과거 및 현재, 당신이 경험하는 스트레스와 공황발작 경험 간의 관계를 이해하는 것이다. 다음의 질문에 답해 보라.

과거 과거를 바꿀 수는 없지만, 스트레스가 공황발작의 발병에 어떤 역할을 했다는 것을 이해하는 것은 중요하다. 당신이 처음 공황발작을 경험했던 때를 떠올려 보라.

- 그때 무슨 일이 있었나?
- 어떤 크고 작은 스트레스를 경험했나?
- 당신이 겪던 스트레스와 공황발작 간에 어떤 관계가 있나?

현재 지난해를 생각해 보라.

- 가족, 대인관계, 건강, 가까운 사람의 건강, 돈, 법적 문제, 직장, 학교 등의 영역에서 어떤 스트레스나 변화 또는 문제

를 경험했나?

- 지난 한 해 동안 위에 나열한 분야 이외의 다른 영역에서 주된 스트레스를 경험했나?
- 일상생활에서 경험했던 성가신 일이나 스트레스 중에 지금까지 계속되는 것이 있나?
- 당신이 계속 신경 써야만 하는 문제는 어떤 것인가?
- 당신의 불안과 공황은 스트레스의 정도에 얼마나 영향을 받는가?

스트레스 감소를 위한 일반적인 전략들

당신의 스트레스가 무엇인지와 그 스트레스가 공황에 미치는 영향을 더 잘 이해했으니, 이제 당신은 스트레스 감소와 스트레스 대처 전략을 더 잘 개발할 수 있을 것이다. 일상 스트레스의 관리를 위한 다양한 방법들이 있는데, 다음 단락에서 스트레스의 영향을 줄이기 위한 여러 가지 기법들을 설명하겠다. 더 자세한 논의와 스트레스 대처 전략에 대한 내용들은 다양한 책들을 참고하기 바란다. 예를 들면, 『스트레스를 물리치는 비공식 안내서(The Unofficial Guide to Beating Stress)』[3]와 『이완 및 스트레스 감소 기법 모음 워크북(Relaxation and Stress Reduction Workbook)』[4]이 있다.

스트레스의 원인을 줄여라

이 전략은 보기보다 어려울 수 있다. 왜냐하면, 때로는 "안 돼!(No!)"라고 말하기가 어렵거나, 책임질 일들을 줄이는 것이 쉽지 않기 때문이다. 지난 실습에서 확인한 스트레스 요인들을 생각해 보라. 그중에 몇 가지를 제거할 방법이 있는가? 만약 불가능하다면, 그것이 당신에게 미치는 영향을 줄일 방법을 생각해 보라(예: 책임 분담, 도움 요청 등).

문제해결 기법

대부분의 사람들에게 보편적인 스트레스의 원인은 일상적인 일들에 있다. 우리 삶에는 가끔 무엇부터 해결해야 할지 결정하기 어려운 현실적인 문제들이 많을 때가 있다. 문제해결 기법은 스트레스의 영향을 감소시키는 데 효과적이다. 삶의 문제들을 하나씩 해결함으로써 당신은 더 자신감을 느낄 것이다. 이 기법은 당신 스스로 개발할 수 있는 기술이다. 다음은 마이너스-윌리스와 헤겔[5]이 개발한 문제해결 기법이다.

1. **문제 목록을 작성하라** 당신의 삶에 영향을 미치는 모든 문제들

을 나열하라. 예를 들면 배우자와의 관계, 가족들과의 관계, 친구, 돈, 건강, 직장 또는 학교, 주거, 법률적 문제 등과 같은 삶의 영역을 생각해 보라.

2. 해결할 문제 한 가지를 선택하라 문제 목록이 엄청나게 많은 것 같아도 한 번에 한 가지씩 해결하면 훨씬 다루기가 쉬워진다. 제일 먼저 다루고 싶은 문제를 선택하라. 현재 당신을 가장 성가시게 하는 문제나 가장 해결하기 쉬운 문제를 선택하면 된다.

3. 목표를 설정하라 목표는 구체적이고, 현실적이며, 달성 가능해야 한다. 당신이 다루고자 하는 문제의 목표를 설정하기 위해 다음 질문들을 활용하라. 선택한 문제가 해결되면 당신의 삶과 행동이 어떻게 달라질까? 바꾸기를 원하는 것은 무엇인가?

4. 브레인스토밍 당신의 목표 달성을 위해 적용해 볼 수 있는 모든 가능한 전략이나 해결책들을 생각해 보라. 도움이 될지에 대한 평가나 판단을 보류하고 생각나는 모든 전략들을 적어 보라.

5. 해결책을 선택하라 당신이 생각해 낸 모든 해결책들을 생각해 보고, 그중 먼저 시도해 볼 한 가지 방법을 선택하라. 선택이

어렵다면 각 해결책을 이행하는 데 필요한 비용과 예상되는 이득을 적어 보라.

6. 계획을 세우라 해결책을 수행하기 위해 어떤 단계를 따라야 하는가? 그 단계들을 적으라.

7. 당신의 계획을 이행하라 계획을 실천하라.

8. 결과를 평가하라 당신의 해결책이 얼마나 효과적이었는가? 목표를 달성했다면, 선택한 문제에 대한 작업을 계속하기 위해 다른 목표를 설정하거나(3단계로 돌아가라), 해결할 다른 문제를 선택해서 1단계부터 다시 시작할 수도 있다. 만약 목표를 달성하지 못했다면, 어떤 장해물이 있었는가? 계획을 수정하거나(6단계) 다른 해결책을 고려해 보라(5단계).

시간 관리

스트레스를 완화할 또 다른 전략은 시간을 더 효율적으로 관리하는 것이다. 그날그날 해야 할 일들을 계획하기 위해 일일 계획표나 달력을 사용하라. 매일 자신을 위한 시간을 확보하라. 일단 계획을 세우면, 그것이 현실적인지, 계획한 일들이 너무 많은지가 좀 더 명확해진다.

이완 훈련

이완은 스트레스의 영향을 줄이는 효율적인 방법인데, 특히 스트레스로 인한 신체의 과도한 각성을 낮추어 준다. 이완을 위한 다양한 방법들이 있다.

- 8장에서 설명한 호흡 연습을 활용하라.
- 요가나 명상 수업에 참여하라.
- 녹음된 이완 지시문을 들으라.

매일 이완 훈련을 위한 시간을 할애하도록 노력하라.

마음챙김 훈련

마음챙김은 현재 순간의 한 가지 대상에 의도적이면서도 비판단적으로 주의를 집중하는 훈련을 통해 개발되는 자각(awareness)이다. 과거 일에 대한 후회나 미래에 대한 걱정과 염려로 마음이 혼란스러워지는 것은 스트레스의 주된 원인이다. 특히 과거의 공황경험 및 신체감각에 대한 반복적 생각과 앞으로 들이닥칠 공황에 대한 끊임없는 걱정으로 불안정한 마음의 방황을 알아차리고, 현재 순간의 자신의 호흡이나 하고 있는 일에 집중하는 반복적인 훈련은 공황과 관련한 스트레스 감소에 중요한 역할을 한다.

마음챙김 훈련은 지금 여기에서의 자신의 호흡에 주의를 집중하는 것을 가장 기본으로 하지만, 언제 어디서 무엇을 할 때나 활용할 수 있다는 장점이 있다. 예를 들어, 음식을 먹을 때, 지금 여기에서 자신이 먹고 있는 음식의 풍미를 감상하고, 또 음식을 씹는 입안의 감각과 음식을 넘기는 목의 감각 등에 주의를 집중할 수 있다. 또 걸으면서 걷는 느낌에 집중하거나, 스트레칭을 하면서 몸의 감각에 주의를 집중할 수도 있다. 즉, 현재 순간의 감각에 판단하지 않는 마음으로 집중하는 것은 모두 마음챙김 훈련이라고 할 수 있으며, 스트레스 감소에 상당한 효과가 있다. 마음챙김은 공황 및 생활 스트레스뿐만 아니라 우울증, 불안, 분노 등의 다양한 심리적 문제에 대한 효과적인 치료 기법으로 주목받고 있다.

사회적 지지 확보

어려움이 있어도 주변에 함께할 사람이 없고 당신 혼자 일을 처리하고 있다고 느낄 때 종종 스트레스가 크게 느껴질 수 있다. 사회적 지지망을 확대하는 것은 스트레스를 줄이는 데 매우 중요한 전략이다. 다음을 참고해서 당신에게 가장 도움이 되는 방법을 선택하라.

- 가족들이 당신을 도울 수 있는 방법이 있는지 상의하라.

- 친구와 대화하라.
- 지역사회에 이용 가능한 자원이 있는지를 찾으라(지지집단, 재정적 도움, 지역사회센터 프로그램).
- 개인 치료사를 만나는 것을 고려하라(심리학자, 정신과 의사, 사회복지사).
- 주치의와 상의하라.
- 종교가 당신에게 중요하다면 목사나 스승, 영적 지도자의 도움을 받으라.

exercise 31 스트레스 관리 계획을 개발하기

지금까지 논의한 스트레스 감소 전략들을 살펴보라. 앞에서 확인한 스트레스의 원인들에 대해 이 전략들을 어떻게 활용할 지를 적어 보라.

건강한 생활습관

건강하지 못한 습관은 불안을 가중시키며, 스트레스에 대처하는 것을 더 어렵게 만들 수 있다. 건강한 습관을 증진한다는 것은 필요한 영양소를 골고루 섭취하고, 건강한 수면습관을 유

지하며, 적절한 운동을 규칙적으로 하는 것을 의미한다.

바른 식습관

불안은 식욕을 저하시켜서 식사를 거르게 할 수 있는 반면, 또 어떤 사람들은 불안할 때 더 많이 먹기도 한다. 몸이 필수 영양소를 섭취하지 못하면, 당신은 피곤하고 지칠 수 있다. 이런 상태로는 스트레스에 적절하게 대처하기 어려워져서 더 불안해질 것이다. 당신의 목표는 3대 영양소가 골고루 들어 있는 균형 잡힌 식사를 빠짐없이 하면서 하루에 한두 번의 간식을 먹는 것이다.

적절한 수면

사람들은 흔히 잠을 충분히 못 자면 불안이 심해진다고 말한다. 수면부족은 사람을 지나치게 민감하게 만들어서 대처능력을 약화시킨다. 연령에 따라 권장 수면시간이 다르지만(나이가 들수록 필요 수면시간은 줄어든다.) 하루에 7~8시간 자는 것을 목표로 해야 한다. 가능한 한 침실에서 자고, 같은 시간대에 일어나는 것이 좋다. 만약 잠자는 데 어려움이 있다면 주치의와 상의할 것을 권장한다. 불면증 극복을 위해 하우리와 린데의 『더 이상의 불면증은 없다(No More Sleepless Nights)』[6]를 추천한다.

운동

6장에서 설명했듯이, 공황장애 환자들은 종종 불안을 일으키는 신체증상이 유발된다는 이유로 운동을 회피한다. 공황장애의 완전한 치료는 물론 전반적인 건강과 웰빙의 개선을 위해서도 운동은 반드시 필요하다. 운동은 신체적·정서적으로 유익하고 자신감을 키워 준다. 실제로 어떤 연구자들은 운동 하나만으로도 공황장애 증상이 확실하게 감소되는 효과가 있다고 주장했다.[7] 한 주에 적어도 20분씩, 3~4회는 운동을 하려고 노력하라.

exercise 32 건강습관에 초점 맞추기

고른 영양섭취와 수면, 운동과 관련한 건강한 습관이 형성되었는지 생각해 보고 다음 질문에 대한 답해 보라.

- 어떤 영역을 개선시킬 필요가 있나?
- 이것에 관해 어떤 목표를 세우고 싶은가?
- 그 목표를 달성하기 위해 시작해야 하는 것은 무엇인가?
- 어떤 장해물이 있을까?
- 이 장해물을 어떻게 극복할 것인가?
- 어떤 지지 자원을 활용할 수 있나?

대인관계 개선

당신의 대인관계가 공황발작에 영향을 미칠 수 있고, 심한 광장공포증의 경우 치료에 방해가 될 수 있다는 것을 알면 놀랄 것이다.[8] 공황장애, 특히 광장공포증을 동반한 공황장애가 치료되면서 사람들은 가족의 지지와 지원에 덜 의존하게 되고 서서히 독립적인 생활을 해나갈 수 있게 된다. 그런데 이것은 가족들에게는 위협으로 느껴질 수도 있고, 가족관계의 갈등이나 스트레스가 되기도 한다.

예를 들어, 베티는 치료실에 오기 전에 20년 동안 광장공포증을 동반한 공황장애를 앓고 있었다. 베티가 처음 치료를 시작했을 때, 그녀의 남편은 그녀와 가정을 위해 모든 일을 도맡아서 해 왔다. 그는 베티가 가는 곳마다 차를 태워서 데려다 주었고, 모든 쇼핑을 담당했다. 그는 베티의 모든 약속과 모임에 함께 갔다. 심지어 베티는 공황장애 때문에 남편 없이는 골목길도 혼자 다니지 못할 정도였다. 여러 해 동안 베티의 남편은 그녀의 모든 것을 도와주고 가정의 모든 일을 책임짐으로써 불안한 그녀를 돌보며 살았다. 가족원이 환자가 책임질 일들을 떠맡음으로써 그들의 증상 감소를 위해 노력하는데, 우리는 이것을 증상수용(symptom accommodation)이라고 부른다.

치료를 받으면서 베티는 20년 동안 중단했던 활동들을 시도하기 시작했고(운전, 상점에 혼자 가기, 모임에 혼자 가기 등), 이 변화는 베티 부부가 수년 동안 적응해 온 생활방식을 중단하게 만들었다. 베티의 남편은 부인의 변화와 자신들의 생활방식 변화에 적응해야 했기 때문에 베티의 증상 호전은 부부관계에 스트레스를 초래했다. 베티의 치료를 위해서는 부부관계에 대한 통제력을 어느 정도 그녀에게 돌려줘야 하는 부분이었기 때문에, 남편의 이해가 없었다면 베티의 공황장애 치료는 더 어려웠을 것이다.

가족이나 파트너는 당신이 자신감을 되찾고 다른 사람에게 덜 의존하게 됨으로써 발생할 관계에서의 역할 변화와 회복 과정을 수용하면서 지켜봐 줘야 한다. 당신이 독립심을 갖게 되는 것은 가족에 대한 어떤 감정의 변화 때문이 아니라, 공황장애를 극복해 가는 과정에서 일어나는 중요한 일부분이라는 것을 미리 가족에게 알리는 것이 좋다.

exercise 33 공황장애와 대인관계

당신의 가족관계를 생각해 보라.

- 당신의 공황장애가 가족관계에 어떤 영향을 미치는가?
- 당신의 불안이 가족관계에 얼마나 영향을 미치는가?
- 공황발작 때문에 당신이 포기한 역할과 책임이 있는가?

- 가족들은 어떤 방법으로 당신의 공황증상을 수용하는가?
- 공황장애 때문에 영향을 받아 온 대인관계가 있다면, 치료 후에 그 관계가 어떻게 달라질 것 같은가?

IO 효과적인 치료약을 선택하라

지금까지는 공황발작과 불안에 대한 인지행동적 접근을 강조했다. 그러나 심리치료만이 공황장애에 효과가 있는 것은 아니다. 약물치료는 특히 단기적인 측면에서는 대등한 효과가 있다고 일반적으로 알려졌다.[1] 이 장에서는 공황장애의 약물치료에 관한 쟁점들을 검토하고, 흔히 처방되는 치료약들을 살펴보면서, 장단기적인 관점에서의 약물치료의 상대적인 효과 및 약물치료와 인지행동치료를 병행하는 치료에 대해 설명하겠다.

공황장애 치료를 위한 약에 대해 살펴볼 때, 통제집단 없이 단순히 치료 전후의 불안을 비교한 연구와 통제집단이 있는 연구를 구분해서 설명하겠다. 위약(placebo) 통제집단 실험은 위약(실제 약물이 포함되지 않은 알약)과 치료약의 효과를 비교해서 검토한 연구이다. 실제 약 성분이 들어있지는 않지만, 약을 먹는다는 그 자체를 통해 불안과 공황이 줄어드는 효과를 경험한 사람들이 1/3 이상이라는 것을 발견한 연구들이 많이 있다. 다른 말로 하면, 통제집단이 없이 어떤 약이 불안을 감소시킨다는 것만 보여 주는 연구는 주의를 끌지 못한다. 공황발작 감소에 효과가 있다고 할 수 있기 위해서는 위약이나 기존의 다른 비슷한 약보다 훨씬 더 효과가 있어야 한다.

이 장은 공황장애 치료에 사용되는 약에 대한 기본적인 것들을 설명한다. 이 책에서 설명한 치료약에 대한 더 자세한 내용들은 다른 자료들을 참고할 수 있다.[2]

약을 먹어야 할까

공황장애 치료약을 먹어야 할지에 대한 결정은 주치의나 정신과 의사와의 상담을 거쳐 결정해야 하는데, 이때 다음과 같은 요소들을 고려해야 한다.

- 약물치료나 다른 접근들(인지행동치료 같은)에 대한 당신의 선호. 만약 당신이 약물치료를 원하지 않는다면 하지 않아

도 되고 다른 치료방법도 있다.

- 공황장애 치료제와 상호작용을 할 가능성이 있는 다른 약을 복용하고 있는지의 여부
- 이전에 공황장애 치료제를 사용했을 때 경험했던 효과
- 지역사회 내 다양한 치료방법의 이용 가능성(예: 당신이 사는 동네에 인지행동치료 프로그램이 없는 경우 약물치료가 최선의 선택일 수 있다.)
- 약물 부작용에 대한 민감성
- 약물과 상호작용할 가능성이 있는 다른 질병 여부
- 임신이나 수유 중인지의 여부(하지만 임신이나 수유 중에 공황장애 치료제 복용으로 인한 문제는 아직까지 알려진 것은 없다.)
- 치료제와 상호작용할 가능성이 있는 알코올이나 다른 약물의 사용 여부

공황장애가 있는 사람들은 종종 치료약을 먹는 것에 대한 오해나 과도한 걱정 때문에 불안해한다. 공황증상이나 공황발작을 유발할 수 있는 약성분을 자신의 몸에 투여한다는 것을 부담스러워하는 사람도 있고, 목이 막히거나 구토를 유발할까 봐 무서워서 약을 삼키는 것을 불안해하는 사람들도 있다. 또 어떤 경우는 공황장애 때문에 약을 먹는 것을 실패 또는 약점이라고 생각하며 창피해하기도 하고, 약물치료에 대한 낙인을 두려워

한다.

　약물치료를 받는 대부분의 사람들은 약물치료의 긍정적 효과를 경험한다. 공황장애 치료약이 부작용을 유발할 수도 있지만, 대부분의 사람들에게 이런 증상들은 시간이 지나면서 감소하고, 적은 양으로 시작해서 복용량을 늘려감으로써 부작용을 조절할 수 있다. 우리의 경험상 지금은 약물에 대한 낙인이 훨씬 줄어들었고, 수백만 명 이상이 약물치료를 받고 있다. 여기서 설명한 약들은 대부분 시중에서 실제로 흔히 처방되는 것들이다. 결론적으로 말하면 약물치료를 시도해서 잃을 것은 아무것도 없다. 만약 효과가 없다면 언제든지 끊거나, 다른 약으로 바꾸거나, 심리치료를 하거나, 모든 것을 중단할 수도 있다. 약물치료에 대한 결정은 영구적이거나 장기적이어야 하는 것은 아니다.

　약물치료의 장점과 단점

　약물치료의 가장 큰 장점은 효과에 있다. 여기서 설명하는 대부분의 약들은 위약과 비교해서 공황발작 방지와 불안 감소에 효과가 입증된 것들이다. 더 나아가 인지행동치료와 비교해서 약물은 섭취가 쉽고, 효과가 빠르고, 단기적으로는 비용이 싸다.

　그러나 장기적으로 약물치료는 인지행동치료보다 비용이 더 비싸고, 복용을 멈추면 그 효과도 유지되지 않는다. 이 두 치료방식을 비교한 대부분의 연구에 따르면 인지행동치료의 효과가 약물치료의 효과보다 더 오래 지속된다. 어떤 경우에는 재발 증상 없이 약물치료를 마칠 수 있기도 하지만, 약물복용을 중단하면 재발하는 비율이 더 높다. 또 다른 약물치료의 단점은 부작용이다. 다른 약물이나 알코올과의 상호작용, 다른 질병에 대한 영향(예: 경련이나 혈압을 높일 가능성), 치료를 중단했을 때의 금단증상 등이 그 예이다. 그러므로 공황장애 치료를 위해 약을 먹기 시작하거나 중단할 때는 반드시 의사의 지도감독에 따라야 한다.

공황장애 치료를 위한 항우울제

항우울제라는 용어에 속지 말라. 항우울제는 40년 이상 다른 다양한 정신과적 증상뿐 아니라 공황장애 치료에도 처방되어 왔다. 실제로 이 약물들은 우울증이 없는 상태의 공황발작과 불안에도 효과적이다.

현재 두 가지 항우울제가 공황장애 치료제로 FDA의 공식 승인을 받았다. 서트랄린(sertraline; Zoloft)*과 파록세틴(paroxetine; Paxil)이다. 공식적으로 인증된 약은 이 두 가지뿐이지만
……

---

* 약물은 (일반명; 상품명)의 형식으로 표기하였다.

효과가 있다고 확인된 다른 약들도 많이 있다. 서트랄린이나 파록세틴이 여기서 설명한 다른 많은 약들보다 더 효과가 있다는 증거는 없다.

공황장애 치료를 위해 항우울제를 복용하는 데 있어 몇 가지 주의할 점이 있다. 첫째, 이 약들은 효과가 나타나기까지 몇 주가 걸린다. 그러나 부작용은 먹기 시작하면 바로 나타날 수 있고, 첫 몇 주간은 증상이 악화될 수도 있다. 이 경우, 약의 양을 줄이거나 중단하기 전에 보통 1년 이상을 계속 복용하기를 권한다. 약을 충분한 기간 동안 복용하면 재발률이 낮다고 알려져 있다.

세로토닌 재흡수 억제제(SSRI)

공황장애에 가장 흔히 처방되는 항우울제는 세로토닌 재흡수억제제들이다. 이 계열의 약은 뇌 속의 세로토닌 양에 영향을 주면서 작용한다. 세로토닌은 신경전달물질로서 신경세포들 간에 정보를 전달하는 화학물질이다. 세로토닌 재흡수억제제들로는 파록세틴, 서트랄린, 플루옥세틴(fluoxetine ; Prozac), 플루복사민(fluvoxamine ; Luvox), 시탈로프람(citalopram ; Celexa), 에사이탈로프람(escitalopram ; Lexapro)이 있다. 세로토닌 재흡수억제제들의 부작용은 약에 따라 다르지만, 가장 흔한 것은 메스꺼움, 소화불량, 성욕감퇴, 어지럼증, 수전증, 발진, 불면증, 불안, 피로감, 입마름, 식은땀, 심계항진이다. 아주 드물지만 더 심각한 부작용이 발생할 수도 있다. 하지만 적은 양으로 시작해서 서서히 양을 늘림으로써 부작용을 최소화할 수 있다.

대부분의 세로토닌 재흡수 억제제들은 쉽게 중단할 수 있다. 그러나 어떤 것(특히 파록세틴)은 불면증, 불안, 수전증, 메스꺼움, 설사, 입마름, 무기력, 발한, 비정상적 사정과 같은 일시적 금단현상 때문에 끊기가 더 어렵다. 이럴 때는 약을 끊는 것에 몸이 적응할 수 있도록 약을 서서히 끊으면서 금단증상을 최소화할 수 있다. 다음 표는 세로토닌 재흡수억제제들과 흔히 처방되는 용량을 정리한 것이다.

선택적 세로토닌 재흡수억제제(SSRIs)

일반명	상품명	시작 용량	일일 용량
시탈로프람	셀렉사(Celexa)	10mg	10~60mg
에사이탈로프람	렉사프로(Lexapro)	10mg	10~50mg
플루옥세틴	프로작(Prozac)	10~20mg	10~80mg
플루복사민	루복스(Luvox)	50mg	50~300mg
파록세틴	팍실(Paxil) 팍실 서방형(Paxil CR)	10mg 12.5mg	10~50mg 25~62.5mg
서트랄린	졸로프트(Zoloft)	50mg	50~200mg

주의사항: 시탈로프람, 에사이탈로프람, 플루옥세틴, 파록세틴은 액상도 있다. 일주일에 한 번 복용하는 신약 플루옥세틴도 있다. CR은 일정시간을 두고 서서히 약효를 나타내는 서방형 약물을 의미한다.

다른 항우울제

공황장애 치료제로 많은 연구가 수행된 첫 번째 항우울제
는 삼환계 항우울제인 이미프라민(imipramine; Tofranil)이다.
이 약은 노르에피네프린과 세로토닌을 포함하는 여러 가지 뇌
의 신경전달 물질에 작용한다. 클로미프라민(clomipramine;
Anafranil)이라는 다른 삼환계 항우울제도 공황장애 치료에 효
과적인데, 이 약은 일차적으로 뇌의 세로토닌의 양에 영향을 미
친다. 삼환계 항우울제의 흔한 부작용은 입마름, 흐린 시야, 변
비, 빠른 심장박동, 저혈압, 진정작용, 체중 증가이다. 클로미프
라민은 많은 양을 복용할 경우 경련에 취약한 사람들에게 위험
할 수 있다. 일반적으로 삼환계 항우울제는 끊기가 쉬운데, 세로
토닌 재흡수억제제와 같은 신개발 항우울제보다는 덜 처방되는
경향이 있다.

새로 개발된 항우울제 두 개도 공황장애 치료에 상당히 효과
가 있는 것으로 전망된다. 위약통제 연구에 따르면,[3] 노르에피
네프린과 세로토닌에 작용하는 벤라팍신(venlafaxine; Effexor)은
공황장애 치료에 효과적이다. 이 약의 가장 흔한 부작용은 메스
꺼움, 어지럼증, 입마름과 고용량을 복용할 때 혈압이 상승하는
것이다. 선행연구에 따르면, 미르타자핀(mirtazapine; Remeron)
도 공황장애 치료에 효과적인 새로운 항우울제인데, 이 약은 세
로토닌 재흡수억제제인 플루옥세틴과 같은 효과가 있다는 연구

결과가 있다.[4]

많은 다른 항우울제들도 공황장애 치료에 효과가 있을 수 있다. 페넬진(phenelzine; Nardil)은 모노아민 산화효소억제제(MAOI)로 불리는 항우울제 종류 중 하나이다. 이 약은 공황증상을 감소시키지만 다른 항우울제보다 부작용이 더 심한 편이다. 게다가 이 계열의 약들은 다른 약이나 질병과 상호작용을 하며 음식물 섭취에 몇 가지 엄격한 제한이 필요하다. 특히 치즈, 육류, 와인과 같은 티라민을 함유한 음식물을 섭취해서는 안 된다. 또 다른 항우울제인 네파조돈(nefazodone; Serzone)은 항공황 물질을 함유하고 있다. 그러나 이 약은 간을 손상시킬 가능성이 있기 때문에 주의해서 사용해야 하고, 이런 이유 때문에 이 약은 최근 캐나다에서는 금지되었다.

모든 항우울제가 공황장애에 효과적인 것은 아니다. 예를 들어, 뷰프로피온(bupropion; Wellbutrin)은 우울감소와 금연에 효과적이지만 공황장애나 다른 불안 관련 문제에는 효과적이지 않다.

다음 표는 세로토닌 재흡수 억제제를 제외하고 공황장애에 효과적인 항우울제의 전형적인 시작 용량과 일일 복용량을 정리한 것이다.

공황장애에 활용되는 다른 항우울제

일반명	상품명	시작 용량	일일 용량
클로미프라민	아나프라닐(Anafranil)	20~50mg	100~250mg
이미프라민	토프라닐(Tofranil)	10~25mg	100~250mg
미타자핀	레메론(Remeron)	15mg	15~60mg
네파조돈	세르존(Serzone)	100~200mg	100~600mg
페넬진	나딜(Nardil)	10~30mg	45~90mg
벤라팍신	에펙서(Effexor) 에펙서 XR(Effexor XR)	37.5~75mg 37.5~75mg	75~225mg

항불안제

전문가들이 '항불안제'라는 용어를 쓸 때 이것은 벤조디아제핀으로 알려진 계열의 약물을 의미한다. 여기에는 알프라졸람(alprazolam; Xanax), 클로나제팜(clonazepam; 미국에서는 Klonapin, 캐나다에서는 Rivotril), 로라제팜(lorazepam; Ativan), 디아제팜(diazepam; Valium) 등이 포함된다. 클로나제팜도 공황장애 치료에 매우 효과적이라는 연구들이 있지만, 이 중 알프라졸람만이 공황장애 치료제로 FDA의 공식승인을 받았다. 로라제팜과 디아제팜은 공황장애 치료에 폭넓게 연구되지는 않았지만 다른 불안장애에 효과적이며, 관련 연구가 많지 않음에도 불구하고 로라제팜은 공황장애에 특히 자주 처방되었다. 로라제팜의 시작 용량은 보통 2~3mg(목표 용량은 2~6mg)이다. 알프라졸람과 클로나제팜의 시작 용량은 보통 하루에 0.5mg인데, 용량을 점차 하루 1~5mg으로 늘린다.

벤조디아제핀계 약물의 가장 흔한 부작용은 졸음, 어지럼증, 우울증, 두통, 혼란, 현기증, 불안정, 불면증, 불안이다. 이 약들은 알코올과 함께 복용하면 안 된다. 게다가 벤조디아제핀계 약물들은 약을 끊을 때, 특히 장기간 고용량을 복용하다가 중단할 경우에 심한 금단증상을 보일 수 있다. 이 약들은 의사의 지도감독하에 아주 서서히 끊는 것이 바람직하다. 흔한 금단증상으로는 공황장애, 불안, 불면증이 있고, 이 증상들은 일시적인데 약물치료를 해 온 기간과 강도에 따라 매우 다양하다. 하지만 보통 금단증상은 약을 줄인 후 며칠 안에 없어진다.

벤조디아제핀계 약물의 장점은 효과가 매우 빠르다는 것인데, 어떤 경우 몇 분 안에 효과가 나타난다. 이 점 때문에 사람들은 간혹 공황발작을 방지하기 위해 또는 공황발작 중에 '필요에 따라' 이 약을 복용한다. 우리는 벤조디아제핀을 이렇게 사용하는 것을 권장하지 않는다. 약이 공황발작을 중지시킬 수도 있지만, 몇 시간 후에 금단증상이 나타나서 또 다른 공황발작을 촉발할 수도 있다. 벤조디아제핀은 항우울제를 막 먹기 시작했고, 그 효과를 한 달 이상 기다리고 있는 중인 사람에게는 도움이 될 수 있다. 한 연구에 따르면, 벤조디아제핀 중에 하나인 클로나제팜과 파록세틴(SSRI)을 함께 복용하고 있는 사람들은 파록세틴과 위약을 복용하는 사람들보다 치료 첫 달 동안 더 큰 효과를 경험하는 것을 발견했다.[5] 몇 주 후에 파록세틴이 작용하기 시작해서 다른 약이 더 필요하지 않았기 때문에 참여자들은 클로나제팜을 서서히 끊을 수 있었다.

공황장애 치료에 좋은 다른 약은 가바펜틴(gabapentin; Neurontin)이다. 이 약은 주로 발작장애 치료에 사용되지만, 최근 불안과 공황 치료에도 효과적이라는 것이 발견되었다. 위약 통제 실험에서 가바펜틴은 위약보다 전반적으로 더 효과가 있는 것은 아니었지만, 좀 더 증상이 심한 경우를 따로 살펴보았을 때는 가바펜틴이 더 효과적인 것으로 나타났다.[6] 가바펜틴이 공황장애에 효과적인지에 대해서는 더 많은 연구가 필요하다.

약초요법 및 자연 치유

최근에 약초요법 및 자연 치유가 점점 인기가 높아지고 있지만, 모든 것을 믿지는 말라. 이런 약초들은 불안과 스트레스를 경험하는 사람들에게 통용되지만, 이것을 지지하는 증거들은 거의 없다. 약초요법에 몇 가지 주의할 점들이 있다. 첫째, 북미지역에서 약초요법에는 약물치료와 같은 규제가 없고 식품처럼 건강보조제로 규정된다. 그래서 약과는 달리 유통되기 전에 효과나 안전성이 입증될 필요가 없다. 많은 제품들이 그 효과나 이상적인 섭취량, 부작용, 다른 것과의 상호작용, 금단증상 등이 여기서 설명했던 다른 약물들에 비해 상대적으로 덜 알려져 있다. 이 제품들이 효과가 있다면, 뇌의 화학물질을 바꿈으로써 효과가 있는 것으로 가정하라. 따라서 다른 약물과 같이 부작용이나 상호작용, 금단 효과가 있을 수 있다.

우리가 알기로는 공황장애에 효과가 있는 유일한 자연제품은 이노시톨(inositol)이다. 이것은 몸에서 자연스럽게 생성되는, 또 보조제로 섭취할 수도 있는 변형된 글루코스(포도당)이다. 이 물질이 공황장애 치료에 자주 사용되지는 않지만, 한 연구에 따르면 세로토닌 재흡수억제제인 플루복사민만큼 효과가 있었다.[7] 다른 여러 제품들도 관련 연구는 부족하지만 도움이 될 수 있다. 예를 들어, 연구들마다 결과는 다양하지만 서양고추나물(St. John's Wort라고 하며, 학명은 *Hypericum perforatum*이다.)은 우울증에 효과적이고, 현재 이것은 세로토닌 재흡수억제제와 같은 특성이 있다고 간주된다. 같은 맥락에서 서양고추나물이 공황장애에 효과가 있다는 것은 놀라운 일이 아니다. 하지만 현 단계에서는 가정일 뿐이며 더 많은 연구가 필요하다.

인지행동치료 vs 약물치료 vs 병행치료

어떤 사람에게 인지행동치료, 약물치료 또는 병행치료 중 어떤 방법이 가장 효과적인지를 미리 예측하기는 어렵다. 누군가에게는 인지행동치료가 가장 효과적이지만, 다른 사람에게는 약물치료가 최선일 수 있고, 또는 병행치료가 최선인 경우도 있다. 이 세 가지 치료방법이 평균적으로 대등하게 효과가 있다.

어떤 사람에겐 약물치료가 노출치료를 도와주기 때문에 병행치료가 가장 효과적일 수 있다. 그러나 인지행동치료와 약물치료를 병행하는 장점은 일시적일 뿐이다. 예를 들어, 약물치료와 노출치료를 병행한 연구에서 장기적 효과를 예측하는 한 요인은 치료 효과에 대한 환자의 믿음이었다. 약물이 가장 효과적인 치료라고 믿은 사람들은 노출치료가 가장 좋다고 믿은 사람들에 비해 추수 기간 동안 더 많이 재발하는 것으로 나타났다.[8] 다른 두 연구는 약물치료가 장기적으로는 인지행동치료의 효과를 저해한다는 것을 발견했다.[9] 약물치료와 인지행동치료를 동시에 시작한 사람들은 약물에 더 빨리 반응한다는 것이 한 가지 이유일 수 있다. 사람들이 나아지는 것을 느끼기 시작하면서 인지행동치료의 과제를 열심히 하지 않고, 약물치료도 멈추면서 증상이 재발하는 것이다.

현재까지의 연구들을 바탕으로 우리는 대부분의 사람들에

게 가능한 한 인지행동치료를 먼저 시도하라고 권한다. 만약 인지행동치료가 효과를 발휘하지 못하면 약물치료를 추가하는 것이 좋다. 사람들은 모두 다르기 때문에 다른 치료기법이 당신에게 더 좋을 수도 있다. 반복하지만 약물치료에 관한 모든 결정은 의사와 상의해서 결정해야 한다.

후기

여기까지 이 글을 읽어 온 당신은 칭찬받을 만하다. 이제 지금까지의 치료성과를 살펴보고, 당신이 경험한 치료 효과를 유지하기 위한 계획을 세울 시간이다. 어떤 사람에게는 이 책이 공황장애 극복을 위해 충분할 수도 있지만, 다른 사람에게는 이 책이 좋은 시발점으로서의 역할을 하고 더 자세한 자료나 전문가의 도움이 필요할 수도 있다. 앞으로의 치료를 위해 도움이 될 다른 내용들을 이 뒤에 덧붙였다.

치료를 위한 당신의 활동 과정 모니터링하기

이 책을 읽으며 당신은 공황발작과 불안에 대한 이해를 넓혀왔다. 공황발작과 불안을 모니터링했고, 당신의 불안사고를 보다 현실적인 생각으로 대체하는 기법들을 배웠다. 또한 불안한 상황과 신체감각에 직면하고 안전행동을 제거하기 시작했다. 호흡 재훈련과 스트레스 감소, 건강행동 개선, 대인관계 유지의 중요성을 배웠고, 마지막으로 공황장애 치료를 위한 여러 가지 약물치료에 대한 것을 공부했다.

이제 한 발 뒤로 물러서서 당신의 치료성과를 살펴보고, 2장에서 세웠던 목표를 기준으로 당신이 어느 지점에 있는지를 확인할 시간이다.

exercise 34 당신의 치료성과 평가하기

이제 당신이 이 책을 따라 작업했던 지난 몇 달 동안의 치료성과를 되돌아볼 시간을 가져라. 다음의 질문에 대한 대답을 기록하라.

1. 이 책을 읽기 전의 당신의 상태와 비교해서 다음의 증상들에 어떤 변화가 일어났는가?

- 공황발작의 빈도

- 공황발작 발생에 대한 불안

- 공황증상을 느끼게 될 것에 대한 불안

- 공황증상이 어떤 나쁜 일로 이어질 것에 대한 불안

- 공황발작의 강도

- 상황에 대한 회피

- 신체증상에 대한 회피

- 불안이 직장이나 학교생활에 미치는 영향

- 불안이 사회생활에 미치는 영향

- 불안이 일상활동 수행능력에 미치는 영향

2. 어떤 전략을 개발했나?

3. 당신의 생활에 어떤 긍정적 변화가 있었나?

4. 이 책에 있는 기법들을 연습하면서 어떤 효과를 경험했나?

5. 당신은 지금 현재 2장에서 설정했던 단기 목표와 장기 목표의 어느 지점에 있는가?

6. 계속 노력이 필요한 영역은 어떤 것인가?

7. 현재 경험하고 있는 치료 효과를 바탕으로 어떤 단기적, 장기적 목표를 새롭게 세우고 싶은가?

효과 유지하기

지금까지 당신은 공황발작을 극복하기 위한 새로운 전략들을 배웠고, 다음으로 할 일은 당신의 치료적 이득을 유지하기 위한 계획을 세우는 것이다. 미래에 있을지도 모를 불안의 증가와 간혹 있을 공황발작에 대비하는 것이 중요하다. 가끔 불안과 공황 증상이 있을 수 있는데, 특히 스트레스가 많은 시기에는 더 그렇다. 가끔의 불안과 공황발작에 어떻게 반응하는가는 치료 효과가 유지될지 증상이 더 나빠질지를 판단하는 데 핵심적인 역할을 한다. 당신이 간혹 있을 불안을 경험할 각오가 되어 있다면, 불안을 더 잘 다룰 수 있을 것이다. 이제 당신은 도피 또는 회피 욕구를 불러일으키는 불안사고에 대항할 기본적인 기법들을 배웠다. 앞에서 배운 전략들을 강화하기 위해 언제든지 이 책을 다시 참고하라. 신체증상에 대한 불안이 공황장애를 가중시킬 수 있다는 것을 기억하라. 신체증상을 성가신 감각일 뿐이라고 생각한다면, 그것은 당신의 삶에 그다지 큰 영향을 끼치지 않을 것이다.

전문가의 도움 받기

어떤 사람은 불안과 공황 문제를 확실하게 다룰 만큼 충분한 대처능력을 갖추지 못했을 수도 있다. 당신이 이 책을 따라 작업을 했는데도 여전히 공황이 어려운 문제라면, 전문가의 도움을 받는 것이 좋다. 공황장애 치료에는 심리학자, 정신과 의사, 훈련된 치료사들을 포함한 다양한 전문가들이 있다. 필요하다면 당신을 전문가에게 의뢰해 줄 수 있는 주치의를 찾아가는 것이 좋다. 또 다른 방법은 미국불안장애협회의 홈페이지(www.adaa.org)에서 불안치료 전문가를 찾을 수도 있다. 전문가를 선택할 때 인지행동치료나 적절한 약물치료에 대한 훈련을 받았는지, 공황장애 치료 경험이 있는지를 확인하는 것이 중요하다.*

......

* 국내에서는 한국임상심리학회(www.kcp.or.kr)나 한국 인지행동치료 학회(www.kacbt.org), 한국상담심리학회(www.krcpa.or.kr)에서 심리치료 전문가들을 찾을 수 있다.

주석

서론

1   Norton, G. R., J. Dorward, and B. J. Cox, 1986. Factors associated
    with panic attacks in nonclinical subjects, *Behavior Therapy* 17:239-
    252.

2   American Psychiatric Association, 1980. *Diagnostic and Statistical
    Manual of Mental Disorders,* 3rd ed. Washington, DC: Author.

3   Antony, M. M., and R. P. Swinson, 2000. *Phobic Disorders and Panic
    in Adults: A Guide to Assessment and Treatment,* Washington, DC:
    American Psychological Association.

4   Gould, R. A., and G. A. Clum, 1995. Self-help plus minimal therapist
    contact in the treatment of panic disorder: A replication and
    extension, *Behavior Therapy* 26:533–546.; Hecker, J. E., M. C. Losee,
    B. K. Fritzler, and C. M. Fink, 1996. Self-directed versus therapist-
    directed cognitive behavioral treatment for panic disorder, *Journal of
    Anxiety Disorders* 10:253-265.

5   Febbraro, G. A. R., G. A. Clum, A. A. Roodman, and J. H. Wright,
    1999. The limits of bibliotherapy: A study of the differential
    effectiveness of self-administered interventions in individuals with
    panic attacks, *Behavior Therapy* 30:209–222.

1장 당신의 공황발작과 공포를 이해하라

1   American Psychiatric Association, 2000. *Diagnostic and Statistical
    Manual of Mental Disorders,* 4th ed. Text revision, Washington, DC:
    Author.

2   Antony, M. M., and R. P. Swinson, 2000. Ibid.; Taylor, S., 2000.
    *Understanding and Treating Panic Disorder: Cognitive-Behavioural
    Approaches,* New York· John Wiley and Sons.

3   Kessler R. C., K. A. McGonagle, S. Zhao, C. B. Nelson, M. Hughes,
    S. Eshleman, H. U. Wittchen, and K. S. Kendler, 1994. Life time and
    12-month prevalence of DSM-III-R psychiatric disorders in the United

States: Results from the National Comorbidity Survey, *Archives of General Psychiatry* 51:8-19.

4   Turgeon, L., A. Marchand, and G. Dupuis, 1998. Clinical features in panic disorder with agoraphobia: A comparison of men and women. Journal of Anxiety Disorders 12:539-553.

5   Antony, M. M., and R. P. Swinson. 2000. Ibid.

6   Ehlers, A., 1995. A 1-year prospective study of panic attacks: Clinical course and factors associated with maintenance, *Journal of Abnormal Psychology* 104:164-172.

7   Antony, M. M., D. Roth, R. P. Swinson, V. Huta, and G. M. Devins, 1998. Illness intrusiveness in individuals with panic disorder, obsessive compulsive disorder, or social phobia, *Journal of Nervous and Mental Disease* 186:311-315.

8   Siegel, L., W. C. Jones, and J. O. Wilson, 1990. Economic and life consequences experienced by a group of individuals with panic disorder, *Journal of Anxiety Disorders* 4:201-211.

9   Antony, M. M., and R. P. Swinson, 2000. Ibid.

10 Brown, T. A., M. M. Antony, and D. H. Barlow, 1995. Diagnostic comorbidity in panic disorder: Effect on treatment outcome and course of comorbid diagnoses following treatment, *Journal of Consulting and Clinical Psychology* 63:408-418.

11 Mannuzza, S., T. F. Chapman, D. F. Klein, and A. J. Fyer, 1994/1995. Familial transmission of panic disorder: Effect of major depression comorbidity, *Anxiety* 1:180-185.

12 Kendler, K. S., M. C. Neale, R. C. Kessler, A. C. Heath, L. J. Eaves, 1992. The genetic epidemiology of phobias in women: The interrelationship of agoraphobia, social phobia, situational phobia, and simple phobia, *Archives of General Psychiatry* 39:273-281.; Kendler, K. S., M. C. Neale, R. C. Kessler, A. C. Heath, and L. J. Eaves, 1993. Panic disorder in women: A population-based study, *Psychological Medicine* 23:397-406.

13 Antony, M. M., and R. P. Swinson, 2000. Ibid.

14 Antony, M. M., and R. P. Swinson, 2000. Ibid.

15 Clark, D. M., 1986. A cognitive approach to panic, *Behaviour*

Research and Therapy 24:461-470.; Clark, D. M., 1988. A cognitive model of panic attacks. In *Panic: Psychological Perspectives*, ed. S. Rachman and J. D. Maser, 71-89, Hillsdale, NJ: Lawrence Erlbaum Associates.

16 Antony, M. M., and R. P. Swinson, 2000. Ibid.

17 Clark, D. M., P. M. Salkovskis, L. G. Öst, E. Breitholtz, K. A. Koehler, B. E. Westling, A. Jeavons, and M. Gelder, 1997. Misinterpretation of body sensations in panic disorder, *Journal of Consulting and Clinical Psychology* 65:203-213.; Harvey, J. M., J. C. Richards, T. Dziadosz, and A. Swindell, 1993. Misinterpretations of ambiguous stimuli in panic disorder, *Cognitive Therapy and Research* 17:235-248.

18 Marks, M. P., M. Başoğlu, T. Alkubaisy, S. Sengün, and I. M. Marks, 1991. Are anxiety symptoms and catastrophic cognitions directly related? *Journal of Anxiety Disorders* 5:247-254.

19 Antony, M. M., and R. P. Swinson, 2000. Ibid.

20 Hoffart, A., J. Due-Madsen, B. Lande, T. Gude, H. Bille, and S. Torgersen, 1993. Clomipramine in the treatment of agoraphobic in patients resistant to behavioral therapy, *Journal of Clinical Psychiatry* 54:481-487.

21 Pollack, M. H., M. W. Otto, S. P. Kaspi, P. G. Hammerness, and J. F. Rosenbaum, 1994. Cognitive behavior therapy for treatment-refractory panic disorder, *Journal of Clinical Psychiatry* 55:200-205.

22 Barlow, D. H., J. M. Gorman, M. K. Shear, and S. W. Woods, 2000. Cognitive-behavioral therapy, imipramine, or their combination for panic disorder: A randomized controlled study, *Journal of the American Medical Association* 283:2529-2536.; Marks, I. M., R. P. Swinson, M. Başoğlu, K. Kuch, H. Noshirvani, G. O'Sullivan, P. T. Lelliott, M. Kirby, G. McNamee, S. Sengun, and K. Wickwire, 1993. Alprazolam and exposure alone and combined in panic disorder with agoraphobia: A controlled study in London and Toronto, *British Journal of Psychiatry* 162:776-787.

23 Başoğlu, M., I. M. Marks, C. Kiliç, C. R. Brewin, and R. P. Swinson, 1994. Alprazolam and exposure for panic disorder with agoraphobia at tribution of improvement to medication predicts subsequent

relapse, *British Journal of Psychiatry* 164:652-659.

4장 불안사고를 현실적 사고로 대체하라

1 Chambless, D. L., and E. J. Gracely, 1989. Fear of fear and the anxiety disorders, *Cognitive Therapy and Research* 13:9-20.; Taylor, S., W. J. Koch, and R. J. McNally, 1992. How does anxiety sensitivity vary across the anxiety disorders? *Journal of Anxiety Disorders* 6:249-259.

2 van der Does, A. J. W., M. M. Antony, A. J. Barsky, and A. Ehlers, 2000. Heartbeat perception in panic disorder: A re-analysis, *Behaviour Research and Therapy* 38:47-62.

3 Ehlers, A., and P. Breuer, 1995. Selective attention to physical threat in subjects with panic attacks and specific phobias, *Journal of Anxiety Disorders* 9:11-31.

4 Ehlers, A., J. Margraf, S. Davies, and W. T. Roth, 1988. Selective processing of threat cues in subjects with panic attacks, *Cognition and Emotion* 2:201-219.

5 McNally, R. J., C. D. Hornig, M. W. Otto, and M. H. Pollack, 1997. Selective encoding of threat in panic disorder: Application of a dual priming paradigm, *Behaviour Research and Therapy* 35:543-549.

6 Lundh, L. G., U. Thulin, S. Czyzykow, and L. G. Öst, 1998. Explicit and implicit memory bias in panic disorder with agoraphobia, *Behaviour Research and Therapy* 35:1003-1014.

7 Clark, D. M., P. M. Salkovskis, L. G. Öst, E. Breitholtz, K. A. Koehler, B. E. Westling, A. Jeavons, and M. Gelder, 1997. Ibid.

8 Schmidt, N. B., K. Jacquin, and M. J. Telch, 1994. The overprediction of fear and panic in panic disorder, *Behaviour Research and Therapy* 32:701-707.

9 Kenardy, J., and C. B. Taylor, 1999. Expected versus unexpected panic at tacks: A naturalistic prospective study, *Journal of Anxiety Disorders* 13:435-445.

10 Craske, M. G., and D. H. Barlow, 2001. Panic disorder and agoraphobia. In *Clinical Handbook of Psychological Disorders*, 3rd. ed., edited by D. H. Barlow 1-59, New York: Guilford Publications.

11 Antony, M. M., and R. P. Swinson, 2000. Ibid.

12 Antony, M. M., and R. P. Swinson, 2000. Ibid.

5장 공황발작이 발생했던 그 장소에 직면하라

1 Foa, E. B., J. S. Jameson, R. M. Turner, and L. L. Payne, 1980. Massed versus spaced exposure sessions in the treatment of agoraphobia, *Behaviour Research and Therapy* 18:333-338.

2 Abelson, J. L., J. G. Weg, R. M. Nesse, and G. C. Curtis, 2001. Persistent respiratory irregularity in patients with panic disorder, *Biological Psychiatry* 49:588-595.

3 Munjack, D. J., R. A. Brown, and D. E. McDowell, 1993. Existence of hyperventilation in panic disorder with and without agoraphobia, GAD, and normals: Implications for the cognitive theory of panic, *Journal of Anxiety Disorders* 7:37-48.

4 Taylor, S., 2001. Breathing retraining in the treatment of panic disorder: Efficacy, caveats and indications, *Scandinavian Journal of Behaviour Therapy* 30:49-56.

5 Moynihan, J. E., and R. N. Gevirtz, 2001. Respiratory and cognitive subtypes of panic: Preliminary validation of Ley's model, *Behavior Modification* 25:555-583.

6 Rapee, R. M., 1985. A case of panic dis or der treated with breathing retraining, *Journal of Behavior Therapy and Experimental Psychiatry* 16:63-65.

7 Antony, M. M., and R. P. Swinson, 2000. Ibid.9

8 Schmidt, N. B., K. Woolaway-Bickel, J. Trakowski, H. Santiago, J. Storey, M. Koselka, and J. Cook, 2000. Dismantling cognitive-behavioral treatment for panic disorder: Questioning the utility of breathing retraining, *Journal of Consulting and Clinical Psychology* 68:417-424.

9장 생활스트레스를 줄이고 건강을 충전하라

1 Anastasiades, P., D. M. Clark, P. M. Salkovskis, H. Middleton, A. Hackman, M. G. Gelder, and D. W. Johnson, 1990. Psychophysiological responses in panic and stress, *Journal of Psychophysiology* 4:331-338.

2 Wade, S. L., S. M. Monroe, and L. K. Michelson, 1993. Chronic life stress and treatment outcome in agoraphobia with panic attacks, *American Journal of Psychiatry* 150:1491-1495.

3 Goudey, P., 2000. The Unofficial Guide to Beating Stress. New York: IDG Books.

4 Davis, M., E. R. Eshelman, and M. McKay, 2000. *The Relaxation and Stress Reduction Workbook*, 5th. ed. Oakland, CA: New Harbinger Publications.

5 Mynors-Wallis, L. M., and M. T. Hegel, 2000. *Problem-Solving Treatment for Primary Care: A Treatment Manual*, Unpublished manuscript.

6 Hauri, P., and S. Linde, 1996. *No More Sleepless Nights*, Revised Edition, New York: John Wiley and Sons.

7 Broocks, A., B. Bandelow, G. Pekrun, A. George, T. Meyer, U. Bartmann, U. Hillmer-Vogel, and E. Ruether, 1998. Comparison of aerobic exercise, clomipramine, and placebo in the treatment of panic disorder, *American Journal of Psychiatry* 155:603-609.

8 Carter, M. M., J. Turovsky, and D. H. Barlow, 1994. Interpersonal relation ships in panic disorder with agoraphobia: A review of empirical evidence, *Clinical Psychology: Science and Practice* 1:25-34.

10장 효과적인 치료약을 선택하라

1 Antony, M. M., and R. P. Swinson. 2000. Ibid.

2 Bezchlibnyk-Butler, K. Z., and J. J. Jeffries, 2004. *Clinical Handbook of Psychotropic Drugs*, 14th ed., Seattle, WA: Hogrefe & Huber Publishers.; Fuller, M. A., and M. Sajatovic, 2001. *Drug Information for Mental Health*, Hudson, OH: Lexi-Comp.; Roy-Byrne, P. P., and D. S. Cowley, 2002. Pharmacological treatments for panic disorder, generalized anxiety disorder, specific phobia, and social anxiety disor der. In *A Guide to Treatments that Work*, 2nd. ed., edited by P. E. Nathan and J. M. Gorman, 337-365, New York: Oxford University Press.; Russo, E., 2001. *Handbook of Psychotropic Herbs: A Scientific Analysis of Herbal Remedies for Psychiatric Conditions*, New York: Haworth Press.; Sifton, W. D. ed., 2002. *PDR Drug Guide for Mental*

Health Professionals, 1st ed. Montvale, NJ: Thompson Medical Economics.

3   Pollack, M. H., J. J. Worthington, M. W. Otto, K. M. Maki, J. W. Smoller, G. G. Manfro, R. Rudolph, and J. F. Rosenbaum, 1996. Venlafaxine for panic disorder: Results from a double-blind placebo-controlled study, *Psychopharmacology Bulletin* 32:667-670.

4   Ribeiro, L., J. V. Busnello, M. Kauer-Sant'Anna, M. Madrugo, J. Quevedo, E. A. Busnello, and F. Kapczinski, 2001. Mirtazapine versus fluoxetine in the treatment of panic disorder, *Brazilian Journal of Medical and Biological Research* 34:1303-1307.

5   Pollack, M. H., N. M. Simon, J. J. Worthington, A. L. Doyle, P. Peters, F. Toshkov, and M. W. Otto, 2003. Combined paroxetine and clonazepam treatment strategies compared to paroxetine monotherapy for panic disorder, *Journal of Psychopharmacology* 17:276-282.

6   Pande, A. C., M. H. Pollack, J. Crockatt, M. Greiner, G. Chouinard, R. B. Lydiard, C. B. Taylor, S. R. Dager, and T. Shiovitz, 2000. Placebo-controlled study of gabapentin treatment of panic disorder, *Journal of Clinical Psychopharmacology* 20:467-471.

7   Palatnik, A., K. Frolov, M. Fux, and J. Benjamin, 2001. Double-blind, controlled, crossover trial of inositol versus fluvoxamine for the treatment of panic disorder, *Journal of Clinical Psychopharmacology* 21:335-339.

8   Başoğlu, M., I. M. Marks, C. Kiliç, C. R. Brewin, and R. P. Swinson, 1994. Ibid.

9   Barlow, D. H., J. M. Gorman, M. K. Shear, and S. W. Woods, 2000. Ibid.

부록

내 일상을 되찾는
희망연습장

exercise 1 p.29

자신의 공황 문제 이해하기

공항장애는 뚜렷한 신체적 촉발요인이나 객관적으로 위험한 상황요인이 없는데도 공황발작을 경험하는 일종의 불안장애입니다. 공황발작이란 갑작스럽게 발생하는 극도의 공포감을 말합니다. 공황장애가 있는 사람은 언제 다음 공황발작이 일어날지 노심초사하고, 발작 때문에 죽거나 자기 통제력을 잃고 정신이 나가는 등 심각한 사태가 일어날 거라고 생각합니다. 그래서 사람이 많은 장소를 피하거나, 밀폐된 곳에 혼자 있는 상황을 피하거나, 대피하기 쉬운 좌석에만 앉으려 합니다. 공황발작에 대한 공포 때문에 일상생활에 심각한 지장이 초래되기도 합니다.

공황장애의 전형적인 증상들과 자신의 경험을 비교해 보면서 다음 질문에 답해 보십시오.

• 당신이 처음 공황발작을 경험했을 때의 나이는 몇 살입니까?

• 공황발작이 시작됐을 때, 그 이전 한 해 동안 일상에서 평소보

다 더 스트레스를 경험하고 있었습니까? 만약 그랬다면 어떤 종류의 스트레스였습니까?

- 공황발작으로 가장 영향을 받는 생활은 무엇입니까(직장/학교, 사교, 여가)?

- 공황발작과 함께 경험하고 있는 다른 문제들(예: 불안, 우울, 과음이나 약물남용 등)이 있나요? 있다면 기록해 보십시오.

치료를 위한 계획 세우기

지금 잠깐 시간을 내서 치료를 위해 삶의 우선순위를 어떻게 바꿀지를 생각해 보십시오. 다음 질문들에 대답해 보고 치료가 당신에게 어떤 의미로 다가오는지 생각해 보십시오.

• 이 책에서 알려주는 전략들을 연습할 시간을 확보하기 위해 당신의 생활을 어떻게 조정할 생각입니까?

• 당신 삶의 어떤 의무나 책임 또는 과제들이 당신의 치료 계획을 실천하는 데 방해가 될 거라고 생각합니까? 그렇다면 어떻게 해결할 수 있다고 생각합니까?

- 당신이 공황을 극복하려 하는 동기는 무엇입니까?

- 더 이상 공황과 공포에 휘둘리지 않게 되면 당신의 삶은 어떻게 바뀔 것 같습니까?

- 이 책에서 설명하는 단계를 따르는 것에 대해 미심쩍거나 거리끼는 것이 있습니까?

- 어떻게 하면 그런 미심쩍음이나 거리낌을 극복할 수 있을 거라고 생각합니까?

- 이 책에 소개된 전략들을 익히려고 노력하는 자신에게 매주 어떤 보상을 줄 계획인가요?

치료의 이득

치료를 통해 삶에 어떤 변화가 생길지 생각해 보십시오.

• 이 책에서 제시된 전략들을 실천해 보려는 이유나 동기는 무엇입니까?

• 치료 초기에는 더 불안해질 수도 있음에도 불구하고, 이 책을 통해 배울 여러 전략들을 실행에 옮기는 것이 중요한 이유는 무엇입니까?

• 공황발작과 불안을 극복하면 삶의 어떤 영역이 좋아질까요?

exercise 4 p.44

치료에 따르는 대가

치료는 곧 변화입니다. 변화의 대가가 무엇일지 생각해 보십시오.

• 당신에게 있어서 치료에 따르는 잠재적 대가는 무엇입니까?

• 이 책에서 설명하는 전략들을 실천하기 위해서 극복해야 할 문제들은 무엇입니까?

- 공황 극복을 위해 노력해 나가면서 마주치게 될 장해물들은 무엇입니까?

가족 협조

당신이 불안 상황과 공포 증상을 피할 수 있도록 돕는 가족의 역할에 대해 생각해 보십시오. 공황발작을 겪어 온 기간이 길수록, 불안한 당신을 돕기 위해 가족이 당신의 역할을 감당해 왔음을 알 수 있을 것입니다. 그런 노력들이 단기적으로는 도움이 되었지만, 장기적으로는 당신의 불안과 공포를 유지시키는 역할을 해왔습니다. 다음 질문에 답해 보십시오.

• 당신의 공황과 불안 때문에 가족 내에서 감당해야 할 어떤 역할이나 기능을 포기하거나 줄여 온 것이 있습니까?

- 당신의 불안을 줄여 주기 위해 가족들은 어떻게 돕고 있습니까?

- 가족들이 당신의 불안증상에 맞추는 다른 방법(특정한 상황을 피할 수 있도록 하는 것)은 무엇입니까?

- 당신이 불안을 극복하기 시작하면 가족 관계에 어떤 변화가 생길 것 같습니까?

목표 설정

공황치료와 관련한 당신의 목표에 대해 구체적으로 생각해 보고, 다음의 질문에 답해 보십시오.

- 장기 목표란 단기 목표들을 성취함으로써 도달할 수 있는 것 입니다(예: 장기 결근을 마치고 직장에 복귀하는 것, 자신감이 향상 되는 것, 예기불안이 감소하는 것, 신체감각에 편안해지는 것, 정상 적으로 돌아온 느낌 등). 당신의 장기 목표는 무엇입니까?

- 단기 목표란 작은 노력을 통해 도달할 수 있는 것입니다(예: 미뤄 왔던 활동들을 다시 시작하는 것, 회피행동을 줄이는 것, 공황 발작을 다룰 전략들을 배우는 것 등). 당신의 단기 목표는 무엇입니까?

- 목표 달성을 방해할 잠재적 장해물은 무엇입니까?

- 그 장해물을 극복하기 위해 당신은 무엇을 할 수 있습니까?

치료 계약

지금까지 당신은 치료를 위해 당신이 노력해야 할 것들을 살펴보았고, 공황장애 극복의 이득과 대가를 검토했으며, 치료 목표를 설정했습니다. 이제 자기 자신과 치료 계약을 작성할 시간입니다. 스스로와 약속을 하는 마음으로 다음의 질문에 대답해 보십시오.

- 당신은 이 책에 있는 치료전략들을 활용하기 위해 노력할 준비가 되어 있습니까?

- 얼마 동안 이 계획을 실천할 생각입니까? (최소 12주 동안 전념해 보기를 추천합니다.)

- 힘들 때 계속 노력할 수 있도록 당신에게 용기를 북돋워 줄 사람(예: 배우자, 가족, 친한 친구 등)이 있습니까?

- 치료를 위해 노력하는 당신 자신에게 매주 어떤 보상을 줄 계획입니까?

신체적 요소

공황이 닥쳤을 때 당신이 경험하는 신체 감각과 증상들을 적어 보십시오. 전형적인 신체 증상들은 다음과 같습니다.

• 어지럼증, 빠른 심장박동, 가슴 통증, 가쁜 호흡, 질식할 것 같 은 느낌, 머리가 하얘지는 또는 기절할 것 같은 느낌, 찌릿찌 릿하거나 마비되는 느낌, 비현실감 또는 몸이나 주변에서 일 어나고 있는 일과 분리된 느낌, 열감이나 한기, 발한, 떨림, 시 야 흐려짐

exercise 9 p.56

인지적 요소

당신의 공황과 불안에 기여하는 가장 보편적인 생각이나 신념, 해석을 적어 보십시오. 예를 들면 다음과 같습니다.

- 정신이 나가는 것, 통제력 상실, 죽음에 대한 걱정, 심장마비나 기절에 대한 공포, 구토나 설사에 대한 불안, 문제의 상황에서 도망을 치거나 도움을 청하지 못할 것에 대한 불안, 창피를 당하거나 자신의 불안을 다른 사람들이 알게 되는 것에 대한 공포

행동적 요소

공황에 빠질 것 같은 느낌을 회피하거나 공황이 닥쳤을 때의 느낌을 줄이기 위해 당신이 사용하는 가장 흔한 행동을 써 보십시오. 당신이 공공연히 피하는 상황들과 은연중에 회피하는 방식도 포함시켜야 합니다. 예를 들면 다음과 같은 행동들이 있습니다.

• 반드시 다른 사람을 동반함, 행사에서 일찍 떠남, 특정 위치에 앉음, 자신의 주의를 분산시킴, 불안 대처를 위해 알코올을 사용함, 약이나 휴대전화, 물 등의 안전물품을 챙겨가지고 다님

공황의 세 가지 요소 추적하기

공황 발작의 촉발인자를 찾아내고 불안과 공황의 세 가지 요소에
대한 이해를 돕기 위해 한 주 동안 불안을 느낄 때마다 아래 내용
들을 다음 표에 기록하십시오.

- **상황** 불안하거나 공포스럽거나 공황상태가 시작되는 상황에
  대해 기록하십시오. 당신은 무엇을 하고 있었습니까? 어디에
  서 누구와 함께 있었습니까? 불안의 촉발인자(예: 자신에게 일
  어난 일 또는 느낀 신체감각)를 자각했습니까?
- **공포나 불안의 정도** 0에서 100의 척도로 당신의 공포나 불안
  의 강도를 평가하십시오. 0은 불안이나 공포를 전혀 경험하지
  않았음을 뜻하고, 100은 최악의 불안과 공황을 경험했음을 의
  미합니다.
- **신체적 감각** 어떤 신체적 감각을 경험했습니까?
- **불안사고** 어떤 생각이 당신의 마음속을 스쳤습니까? 무슨 일
  이 생길까 봐 불안했습니까? 상황에 대한 어떤 불안한 예측을
  했습니까? 그 상황에 대한 당신의 대처 능력을 어떻게 평가했
  습니까?
- **불안행동** 당신은 그 상황에서 무엇을 했습니까? 어떻게 반응

했습니까? 안전행동을 취했습니까? 또는 그 상황에서 탈출했습니까? 아니면 완전히 회피했습니까?

요일	상황	공포/불안 (0~100)	신체적 감각	불안사고	불안행동
월					
화					
수					
목					
금					
토					
일					

일주일간 기록한 당신의 불안과 공황에 대한 경험을 훑어보고 다음 질문에 답해 보십시오.

- 불안 또는 공황의 느낌과 관련된 촉발인자나 상황과 관련해 알게 된 것은 무엇입니까? 어떤 패턴이 있습니까? 당신의 공황발작이 어떤 신체감각에 의해 촉발된 것 같습니까?

- 불안이나 공황상태에서 당신이 경험하는 증상이나 불안사고에 어떤 패턴이 있었습니까?

- 불안이나 공황을 경험했을 때 발생한 최악의 일은 무엇입니까? 당신이 예상했던 상황이 실제로 발생했습니까?

- 최악의 불안을 경험했을 때 그 느낌이 줄어들기까지 얼마 동안 지속되었습니까? (예: 30초, 2~3분, 10분, 20분 등)

당신의 기분 추적하기

한 주 동안 당신의 불안과 우울의 정도를 모니터링하면서 매일 저녁마다 다음을 기록하십시오.

- 그 날의 평균적인 불안의 정도와 우울의 정도를 0부터 100 사이의 척도로 평가하십시오.
- 자신, 타인, 또는 자신의 미래에 대해 어떤 부정적인 생각을 했습니까?
- 한 주 동안 당신의 불안과 우울 간에 어떤 관계가 있었습니까?

요일	불안 (0~100)	우울 (0~100)	부정적 생각 (자신, 타인, 미래)	불안과 우울의 관계
월				
화				
수				
목				

금				
토				
일				

일주일간 기록해 놓은 내용을 보면서 다음의 질문에 답해 보십시오.

• 당신의 불안과 우울 사이에 어떤 관계가 있습니까?

• 한 주 동안 불안과 우울이 가장 높았을 때는 어느 정도였습니까?

- 한 주 동안 불안과 우울이 가장 낮았을 때는 어느 정도였습니까?

- 당신의 생각이 불안과 우울의 강도의 변화에 따라 어떻게 달라졌습니까?

신체감각에 주의를 기울이는 것의 효과

잠시 책 읽기를 멈추고, 지금부터 1분 동안 당신의 몸의 감각에 주의를 기울여 보십시오. 가려운 느낌이 들 때까지 머릿속에서 피부 표면의 감각을 탐색해 보십시오. 이 활동은 특정 증상을 찾는 것 자체가 그 감각을 자각하게 하는 한 촉진자가 될 수 있음을 깨닫기 위한 것입니다. 이제 다음 질문에 대한 대답을 기록하십시오.

- 피부에서 가려움을 발견하는 데 얼마나 걸렸습니까?

- 당신이 가려운 느낌을 찾으려 노력하지 않았어도 가려움을 알아차렸을 거라고 생각합니까?

- 이 활동을 통해 특정 증상을 찾는 것과 그 증상을 경험하는 것과의 관계에 대해 배운 것은 무엇입니까?

- 과거에 불편한 신체감각을 알아차렸을 때, 불안해지면서 공황 상태로 치달았던 적이 있습니까? 있다면 그 상황을 자세히 적어 보십시오.

발생 가능성의 과장 기록하기

공황발작의 발생 가능성을 과장하고 있다는 것을 더 잘 자각할 필요가 있습니다. 불안해질 때마다 또는 불안 상황을 회피하거나 그 상황에서 도피하려는 강한 욕구를 느낄 때마다 다음 질문에 대답해 보십시오. 가능성 과장을 알아차리는 데 익숙해질 때까지 불안해질 때마다 몇 주 동안 이 활동을 반복하십시오.

- 어떤 일이 일어날까 봐 불안합니까?
- 그 상황에서 빠져나가지 않으면 무슨 일이 일어날까요?
- 그 상황 속에 계속 머무를 경우의 결과는 어떨 것 같습니까?
- 어떤 끔찍한 일이 발생할 거라고 예상하고 있습니까?

날짜	불안해하며 예상하는 끔찍한 일	그 상황에서 빠져나가지 않고 머무를 경우의 결과 (예상 또는 실제)

날짜	불안해하며 예상하는 끔찍한 일	그 상황에서 빠져나가지 않고 머무를 경우의 결과 (예상 또는 실제)

날짜	불안해하며 예상하는 끔찍한 일	그 상황에서 빠져나가지 않고 머무를 경우의 결과 (예상 또는 실제)

날짜	불안해하며 예상하는 끔찍한 일	그 상황에서 빠져나가지 않고 머무를 경우의 결과 (예상 또는 실제)

공황발작 결과에 대한 과장 기록하기

공황발작의 결과를 부정적으로 과장하는 경향을 더 잘 인식하기 위해, 당신이 불안해질 때마다 또는 불안 상황을 회피하거나 그 상황에서 탈출하려는 강한 욕구를 느낄 때마다 다음 질문에 대답해 보십시오.

- 질문 1 당신은 그 일이 일반적인 경우를 벗어나 큰 파국을 초래하거나 통제할 수 없게 될 것이라고 예상하고 있습니까?
- 질문 2 지금부터 5년 후에도 이 사건에 대해 계속 생각하고 있을까요?

파국적 사고를 식별하는 것에 익숙해질 때까지 몇 주 동안, 불안해질 때마다 위 질문에 대한 대답을 기록하면서 이 훈련을 반복하십시오.

날짜	질문 1	질문 2

날짜	질문 1	질문 2

날짜	질문 1	질문 2

날짜	질문 1	질문 2

날짜	질문 1	질문 2

증거 검토하기

공황발작이나 심한 불안을 경험할 때, 당신 마음에 떠오른 부정적 예측에 대한 증거들을 검토해 보십시오. 당신의 불안한 예측과 신념을 지지하는 증거와 반대되는 증거를 적어 보십시오. 그리고 그 증거들을 바탕으로 한 합리적인 결론 역시 기록해 보십시오. 다음 몇 주 동안, 당신이 불안해지거나 공황상태가 될 때 이 훈련을 반복하십시오. 훈련을 통해 이 전략에 익숙해지면 나중에는 메모를 하지 않아도 증거들을 검토할 수 있을 것입니다.

〈1차〉

불안한 예측과 신념
_____

지지하는 증거
_____

반대되는 증거
_____

합리적인 결론
_____

〈2차〉

불안한 예측과 신념

지지하는 증거

반대되는 증거

합리적인 결론

〈3차〉

불안한 예측과 신념

지지하는 증거

반대되는 증거

합리적인 결론

〈4차〉

불안한 예측과 신념
_____

지지하는 증거
_____

반대되는 증거
_____

합리적인 결론
_____

〈5차〉

불안한 예측과 신념
_____

지지하는 증거
_____

반대되는 증거
_____

합리적인 결론
_____

〈6차〉

불안한 예측과 신념

지지하는 증거

반대되는 증거

합리적인 결론

〈7차〉

불안한 예측과 신념

지지하는 증거

반대되는 증거

합리적인 결론

파국적 사고에 도전하기

공황발작이 발생해서 그것으로 인해 일어날 어떤 결과를 과대평가하는 자신을 발견할 때, 파국적 사고를 방지하기 위해 여기서 설명한 전략들을 사용하십시오. 불안한 상황이 발생하게 되는 경우 그것을 다루는 방법을 기억하기 위해 당신이 자주 떠올리는 파국적 사고와 그에 대응하는 합리적인 사고를 기록하십시오. 몇 주 동안 불안이나 공황을 느낄 때마다 이 훈련을 반복하십시오. 익숙해지면 메모에 의존하지 않고도 이 전략을 자연스럽게 활용할 수 있게 될 것입니다.

날짜	파국적 사고	합리적 사고

날짜	파국적 사고	합리적 사고

날짜	파국적 사고	합리적 사고

날짜	파국적 사고	합리적 사고

당신의 공포 상황을 확인하라

우측 표에는 전형적인 광장공포증 유발 상황들이 제시돼 있습니다.

- 표에 제시된 전형적인 광장공포증 상황 중에서 당신이 혼자 있거나 누군가와 함께 있을 때 회피해 온 상황들이 있습니까?
- 당신이 두려워서 회피하는 상황들은 무엇입니까? 목록에 없는 상황이라 해도 당신이 공포를 느끼는 상황이라면 표 아래 빈 칸에 기록하십시오.
- 당신이 그 상황에 맞닥뜨렸을 때 경험하는 전형적인 불안감의 수준을 0(불안하지 않으며 회피하지 않는 상황)에서 100(너무나 불안해서 항상 피하는 상황) 사이의 숫자로 평가해 보십시오.

상황	예시	자신이 해당할 경우 불안감의 수준(0~100)
사람들이 붐비는 장소	슈퍼마켓, 극장, 쇼핑몰, 스포츠 경기장 등	
밀폐된 장소와 도망치기 어려운 장소 혹은 상황	터널, 작은 방, 엘리베이터, 비행기, 지하철, 버스, 머리를 깎고 있을 때, 길게 서 있는 줄에 있을 때	
운전하기	고속도로나 다리 위, 복잡한 도로에서의 운전, 장거리 운전, 조수석에 앉아 있는 것 등	
집을 떠나 있는 것	어떤 사람들은 집 주변에 자신이 생각하는 안전거리가 있고, 그 거리를 넘어가는 것이 어려움. 간혹 집밖을 나서는 것이 불가능한 경우도 있음	
혼자 있는 것	특히 위에 나열된 것과 같은 상황에서 혼자 있는 것	

exercise 19　p.93

당신을 불안하게 하는 요인을 확인하라

앞의 표를 다시 살펴보십시오. 그중 자신이 공포를 느끼는 상황과 관련해 불안에 영향을 미치는 변수들을 적으십시오. 예를 들어, 쇼핑몰에 가는 것을 두려워한다면 영향 변수들로 쇼핑몰의 복잡한 정도, 동행인의 존재 여부, 비상구까지의 거리, 실내의 밝기, 차를 주차한 곳과 입구의 거리, 집과의 거리, 꼭 사야 하는 물건의 여부 등을 떠올려 볼 수 있습니다. 이 상황에서 불안을 조절하기 위해 당신이 한 안전행동은 무엇입니까?

공포를 느끼는 상황	영향 변수들	불안 조절을 위한 안전행동들

232 • 스스로 공황을 극복하는 10가지 방법

공포를 느끼는 상황	영향 변수들	불안 조절을 위한 안전행동들

노출 위계를 작성하라

당신 자신의 노출 위계를 작성하십시오. 어려움의 정도가 폭넓게 반영되도록 10~15가지의 상황을 구체적으로 설정하십시오. 불안한 상황뿐만 아니라 가장 크게 영향을 미치는 변수를 꼭 기록하십시오. 예를 들어, '가게로 운전해 가기'라고 적지 말고 '복잡한 시간에 골목에 있는 슈퍼마켓으로 운전해 가기'와 같이 더 구체적이면서 유용한 내용을 적으십시오. 또한 당신이 실습하고자 하는 항목만 적으십시오. 예를 들어, 당신이 세계여행을 할 형편이 안 된다면 당신의 위계 목록에 '세계여행'을 적는 것은 아무런 의미가 없을 것입니다. 그렇다고 위계 목록에 적은 모든 상황을 실행해야 한다고 생각할 필요는 없습니다. 처음에는 위계의 중간 이하의 상황들 정도만 시도할 것입니다. 초기에는 불안의 정도가 아주 높은 상위의 몇몇 상황은 시도 자체도 불가능해 보일 것입니다. 그런 것들에 대해선 공황장애만 없으면 해 보고 싶은 '희망사항'이라고 생각하고 적어 보십시오.

공포 상황	불안 정도

불안증상과 그에 대한 자신의 생각을 점검해 보라

어떤 신체감각이 당신을 극도로 불안하게 하는지 최근에 있었던 공황발작을 떠올려 보고, 다음의 각 질문들에 대한 대답을 기록해 보십시오.

- 당신이 가장 먼저 알아차린 신체감각은 무엇이었습니까?
- 그때 경험한 다른 신체감각은 어떤 것이었습니까?
- 당신이 주로 모니터링하는 신체증상(예: 심장박동 증가, 구토나 배탈, 어지럼증, 비현실감 등)은 무엇입니까?
- 특정한 신체감각을 유발할까 봐 피하는 활동이나 물질(예: 운동, 터틀넥 셔츠를 입는 것, 차에서 히터를 트는 것, 카페인 등)이 있습니까?
- 당신이 두려워하는 신체증상에 대해서 생각할 때 파국적인 일을 이 감각들과 연관시키고 있습니까(예: 어지럼증=기절, 심장 두근거림=심장마비, 구역질=구토, 비현실감=정신이 나가는 것)?

공포 상황

_____

최초의 신체감각

_____

다른 신체감각

_____

관찰대상 신체감각

_____

회피행동

_____

연관시키는 파국적인 일

_____

증상유도 실험하기

증상 노출 훈련을 시작하기 전에 당신이 두려워하는 신체증상을 유발하려면, 어떤 훈련이 가장 효과적인지를 찾는 것이 중요합니다. 다음은 당신이 해 볼 수 있는 훈련의 목록입니다.

번호	내용	전형적인 신체감각
1	60초 동안 호흡을 깊고 빠르게 해서 과호흡을 하라(1분에 약 60~90회).	어지럼증, 숨가쁨, 심장박동 증가, 저림, 찌릿찌릿함
2	2분 동안 작고 좁은 빨대로 호흡하라(코로 숨을 쉬어선 안 되며, 필요하면 코마개를 할 수도 있음).	숨가쁨, 심장박동 증가, 숨 막힘
3	2분 동안 격렬하게 제자리 뛰기를 하라.	심장박동 증가, 숨가쁨, 가슴 답답증
4	의자에 앉아 1분 동안 회전하라(바퀴가 달리거나 회전이 가능한 의자 이용).	어지럼증, 심장박동 증가, 메스꺼움
5	1분 동안 천정의 불빛을 응시한 후 글을 읽어라.	뿌연 시야
6	30초 동안 고개를 흔들어라.	어지럼증
7	30초 이상 숨을 참아라.	숨가쁨, 어지럼증
8	2~3초 또는 구토반사를 느낄 때까지 혀누르개(압설자)를 혀 뒤쪽에 대라.	숨막힘, 구토
9	3분 동안 벽에 있는 동전 크기만 한 점을 응시하라.	비현실감
10	사우나 같은 덥고 비좁은 방이나 히터를 틀어놓은 차에 앉아 있어라.	더위, 땀
11	5분 동안 머리에 코트를 뒤집어쓰고 옷장에 앉아 있어라.	숨막힘

각각을 시도해 본 후 즉시 다음 표에 기록해 보십시오.

- 당신이 경험한 신체감각(가장 흔하게 나타나는 감각은 목록에 제시됨)
- 신체감각의 강도를 0(전혀 없음)에서 100(극도로 강함)으로 평가
- 불안의 정도를 0(전혀 없음)에서 100(극도의 불안)으로 평가
- 공황발작 때 경험하는 신체감각과 비슷한 정도를 0(전혀 비슷하지 않음)에서 100(극히 유사함)으로 평가

훈련 번호	신체감각	신체감각 강도	불안의 정도	공황발작과 유사한 정도
1				
2				
3				
4				
5				
6				
7				
8				
9				
10				
11				

공포스러운 신체감각에 직면하기

앞에서 실험한 증상유도 중 공황발작과 가장 유사한 것들이 표적 훈련의 예들입니다. 한 주 동안 연습할 표적 훈련을 하나 선택하 십시오. 매일 훈련할 시간을 정하고, 다음과 같은 절차를 따라 훈 련을 하십시오.

1. 불안한 신체감각을 강하게 불러오기 위해 목표증상 유발운동 을 하십시오.

2. 목표 운동을 한 직후, 다음의 질문에 대답해 보십시오.

• 운동을 하는 동안 또는 직후에 어떤 신체감각을 경험했습니까?

• 그 신체감각의 강도를 0에서 100 사이로 평가하십시오.

- 운동하는 동안이거나 운동 후에 당신이 경험한 불안을 0에서 100 사이로 평가하십시오.

- 그 신체감각에 대해 어떤 불안한 생각을 했습니까?

- 불안한 생각을 지지하거나 반대하는 증거들은 무엇입니까?

3. 신체감각의 강도가 줄어들도록 몇 분을 기다리십시오. 신체증상이 상당히 줄어든 후, 이 표적 훈련을 1부터 3까지 다시 반복하십시오. 불안 수준이 처음의 절반 정도로 떨어질 때까지 반복하십시오. 예를 들어, 처음 표적 훈련을 시작할 때 불안 정도가 70이었다면 불안이 35 이하로 떨어질 때까지 연습을 반복하십시오. 보통 6~7회의 반복이 필요합니다.

신체적 증상에 직면하기

특정한 신체증상을 불러일으킨다는 이유 때문에 당신이 두려워하거나 회피하는 활동들을 적어 보십시오. 이런 활동들을 해내기 위해서 당신이 사용하는 안전행동이 무엇인지 생각해 보십시오. 앞의 exercise 20에서 노출 위계 목록을 만들었던 것과 같은 방식으로 활동 목록을 만들어 볼 수 있습니다. 그 활동을 하는 동안 안전행동을 하는 경우와 하지 않을 경우의 불안 정도를 0(불안 없음, 회피 없음)에서 100(매우 불안, 항상 회피)으로 평가해서 기록하십시오. 다음의 예시를 참조하십시오.

• 제프의 활동 위계

신체활동	불안 정도
휴대전화 없이 혼자 체육관 가기	100
심장박동이 빨라질 때 주저앉지 않고 하던 일을 계속하기	90
혼자 집 주변을 달리기	85
휴대전화를 소지하고 혼자 체육관에 가기	75
집에서 계단 올라가기	70
친구와 함께 집 주변을 달리기	65
출근길에 에스프레소 커피를 마시기	55
심장박동이 빨라지는 것을 알아차렸을 때 맥박을 체크하지 않기	50
친구와 함께 체육관에 가기	45

회피행동	불안 정도(0~100)	
	안전행동을 하지 않을 경우	안전행동을 할 경우

회피행동	불안 정도(0~100)	
	안전행동을 하지 않을 경우	안전행동을 할 경우

불안증상과 상황에 같이 직면하기

앞에서 연습한 신체증상 노출과 상황 노출을 통합해서(231쪽, 238쪽 참조) 5~10개의 목록을 작성하십시오. 당신이 두려워하는 신체증상을 유발할 것 같은 다른 운동도 적을 수 있습니다. 몇 주동안 노출 지침을 활용하면서 당신의 통합 목록에 있는 것들을 훈련하십시오. 훈련을 많이 할수록 더 빨리 효과를 경험하게 될 것입니다.

통합 상황	불안 정도

통합 상황	불안 정도

당신의 안전행동을 찾아라

당신이 불안을 조절하기 위해 사용하는 전략들을 적어 보십시오. 7장에서 설명한 안전행동이나 당신이 생각하는 다른 행동들을 떠올려 보십시오. 이 행동들을 중단하면 얼마나 불안할까를 생각해 보십시오. 은연중에 하는 회피전략을 중단한다고 상상할 때 불안해진다면, 바로 그 행동이 당신의 공황장애 극복을 위해 반드시 제거되어야 할 행동입니다.

안전행동 1
_____

안전행동 2
_____

안전행동 3
_____

안전행동 4
_____

안전행동 5
_____

안전행동 줄이기

노출 훈련 동안이나 다른 때에 어떤 안전행동을 계속 사용해 왔다면, 몇 주 동안 그 행동들을 차츰 줄여 보십시오. 각각의 훈련 동안 경험하는 불안사고를 적고 불안의 정도를 0~100으로 평가해서 기록해 보십시오. 마음속에 일어나는 불안신념을 공략하기 위해 4장에서 배운 인지 전략들을 계속 사용해 보십시오.

날짜	중단한 안전행동	불안사고	불안의 정도

날짜	중단한 안전행동	불안사고	불안의 정도

당신의 호흡을 평가하라

60초 동안 다른 사람에게 당신의 호흡(예: 가슴의 움직임)을 세어 보라고 하십시오. 당신이 호흡에 신경을 쓰는 순간 그 패턴이 달라질 수 있기 때문에, 당신이 알아차리지 못하게 호흡을 세는 편이 더 바람직합니다. 1분 동안 몇 번이나 호흡하는지를 기록하십시오. 정상적 호흡수는 1분에 10~14회입니다. 만약 호흡수가 이보다 많다면 호흡 재훈련이 도움이 될 것입니다.

_____ 회 / 분

자, 이제 몇 분 동안 당신의 호흡에 주의를 집중해 보십시오. 숨을 들이쉴 때 상체의 어느 부분이 움직이나요? 만약 가슴의 위쪽이 움직이면 당신은 과호흡을 하고 있을 가능성이 큽니다(숨을 너무 빨리 쉬면 횡격막보다 가슴 위쪽 근육을 더 많이 사용하게 됩니다). 만약 숨을 들이쉴 때 복부가 움직인다면 당신은 이미 적절하게 호흡을 하고 있고 호흡 재훈련 기법이 필요하지 않을지도 모릅니다.

가슴 (   )

복부 (   )

만약 당신이 가슴으로 숨을 쉬는지 배로 숨을 쉬는지 잘 모르겠으면 다음과 같이 해 보십시오. 엄지손가락이 목 바로 아랫부분에 닿도록 한 손을 가슴에 놓고, 다른 손은 새끼손가락이 배꼽에 놓이게 해서 복부에 놓으십시오. 이제 평소처럼 숨을 쉬어 보십시오. 숨을 들이쉬고 내쉴 때 어느 손이 좀 더 많이 움직입니까?

가슴 위의 손 (   )
배 위의 손 (   )

다음에는 숨을 쉬면서 가슴을 안팎으로 움직여 보십시오. 가슴으로 숨을 쉬려고 할 때 당신의 호흡이 바뀌는지요? 당신의 경험을 기록해 보십시오.

그다음 몇 분 동안 숨을 쉬면서 배를 움직여 보십시오. 배로 호흡하면서 당신의 호흡이 어떻게 변하는지를 기록하십시오.

가슴으로 숨을 쉴 때 배로 숨을 쉴 때보다 더 얕은 숨을 쉬고 호흡수도 많아진다는 것을 알게 됐을 것입니다. 이 연습은 흉식 호흡이 어떻게 과호흡 증상들을 유도하는지를 잘 보여줍니다. 증상들이 실제로는 과호흡 때문에 유발된 것임에도 불구하고 느닷없이 들이닥치는 것처럼 보일 수 있습니다. 반대로 복식호흡을 할 때 호흡이 더 느리고 편안해진다는 것을 알았을 것입니다. 횡경막을 사용하는 복식호흡법을 배우는 것이 호흡 재훈련의 목표입니다. 이 전략은 전문 성악인들이나 요가인들과 같이 호흡법이 중요한 사람들의 호흡방식과 비슷하다고 볼 수 있습니다.

exercise 29 p.139

호흡을 정상화하기

호흡 재훈련의 목적은 횡경막을 이용해 보다 느리고 편안한 속도로 호흡하는 방법을 배우는 것입니다. 느린 호흡을 깊은 호흡과 혼동하면 안 됩니다. 깊은 호흡은 실제로 과호흡의 원인이 되기도 합니다. (만약 비치볼이나 풍선을 많이 불어 본 적이 있다면, 너무 깊고 느린 호흡이 어지럼증과 다른 여러 증상들을 일으킬 수 있다는 것을 이해할 수 있을 것입니다.) 가능하면 코로 호흡하십시오. 다만 알레르기가 있거나 감기에 걸렸다면 코로 호흡하는 것이 더 힘들 수도 있습니다.

다음에 연습한 날짜와 시간, 느낌을 간략히 기록하십시오.

날짜	시간	느낌

날짜	시간	느낌

과거와 현재의 스트레스 근원 찾기

이 훈련의 목적은 과거 및 현재에 당신이 경험하는 스트레스와 공황발작 경험 간의 관계를 이해하는 것입니다. 다음의 질문에 답해 보십시오.

과거   과거를 바꿀 수는 없지만, 스트레스가 공황발작의 발병에 어떤 역할을 했다는 것을 이해하는 것은 중요합니다. 당신이 처음 공황발작을 경험했던 때를 떠올려 보십시오.

• 그때 무슨 일이 있었습니까?

• 어떤 크고 작은 스트레스들이 있었습니까?

- 당신이 겪었던 스트레스와 공황발작 간에 어떤 관계가 있습니까?

현재 지난 한 해를 떠올려 보십시오.

- 가족, 대인관계, 건강, 가까운 사람의 건강, 돈, 법적 문제, 직장, 학교 등의 영역에서 어떤 스트레스나 변화 또는 문제를 경험했습니까?

- 지난 한 해 동안 나열한 분야 이외의 다른 영역에서 어떤 스트레스를 경험했습니까?

- 일상생활에서 성가신 일이나 스트레스 중에 지금까지 계속되는 것이 있습니까?

- 당신이 계속 신경을 써야만 하는 문제는 어떤 것입니까?

- 당신의 불안과 공황은 스트레스의 정도에 얼마나 영향을 받고 있습니까?

스트레스 관리 계획을 개발하기

지금까지 논의한 여러 스트레스 감소 전략들을 떠올려 보십시오.
앞에서 확인한 스트레스의 원인들에 대해 이 전략들을 어떻게 활용할지를 적어 보십시오.

스트레스의 원인	대처 전략

건강습관에 초점 맞추기

고른 영양섭취와 수면, 운동과 관련해 건강한 습관이 형성되었는지 생각해 보십시오. 각각에 대해 다음 질문에 답해보십시오.

1) 무엇을 개선시킬 필요가 있습니까?
2) 어떤 목표를 세우고 싶습니까?
3) 그 목표를 달성하기 위해 시작해야 하는 것은 무엇입니까?
4) 어떤 장해물이 있습니까?
5) 그 장해물을 어떻게 극복할 생각입니까?
6) 어떤 지지 자원을 활용할 수 있습니까?

〈영양섭취〉

1)

2)

3)

4)

5)

6)

〈수면〉

1)

2)

3)

4)

5)

6)

〈운동〉

1)

2)

3)

4)

5)

6)

공황장애와 대인관계

당신의 가족관계를 생각해 보십시오.

- 당신의 공황장애가 가족관계에 영향을 미칩니까? 당신의 불안은 가족관계에 얼마나 어떻게 영향을 끼치고 있습니까?

- 당신이 공황발작 때문에 포기한 역할과 책임을 기록해 보세요.

역할

책임

- 가족들은 어떤 방법으로 당신의 공황증상을 수용하고 있습니까?

가족 1
_____

가족 2
_____

가족 3
_____

- 공황장애 때문에 영향을 받아 온 대인관계가 있다면, 치료 후에 그 관계가 어떻게 달라질 것 같습니까?

exercise 34 p.174

당신의 치료성과 평가하기

이제 당신이 이 책을 따라 작업했던 지난 몇 달 동안의 치료성과
를 되돌아볼 시간이 왔습니다. 다음의 질문에 대답해 보십시오.

1. 이 책을 읽기 전의 당신의 상태와 비교해서 다음의 증상들에
   어떤 변화가 일어났습니까?

항목	이 전	현 재
공황발작의 빈도		
공황발작 발생에 대한 불안		
공황증상을 느끼게 될 것에 대한 불안		

항 목	이 전	현 재
공황증상이 어떤 나쁜 일로 이어질 것에 대한 불안		
공황발작의 강도		
상황에 대한 회피		
신체증상에 대한 회피		

항 목	이 전	현 재
불안이 직장이나 학교생활에 미치는 영향		
불안이 사회생활에 미치는 영향		
불안이 일상활동 수행능력에 미치는 영향		

2. 어떤 전략을 개발했습니까?

3. 당신의 생활에 어떤 긍정적 변화가 있었습니까?

4. 이 책에 있는 기법들을 연습하면서 어떤 효과를 경험했습니까?

5. 2장에서 설정했던 단기 목표와 장기 목표 중에서 당신은 지금 어느 지점에 있습니까?

6. 계속 작업할 필요가 있는 영역은 무엇입니까?

7. 현재 경험하고 있는 치료 효과를 바탕으로 어떤 단기, 장기 목표를 새롭게 세우고 싶습니까?

수고하셨습니다.

"파도처럼 밀려오는 불안을 막을 수는 없지만,
그 파도를 타는 방법을 배울 수는 있다."

지은이 소개

마틴 M. 안토니(Martin M. Antony)

캐나다 온타리오주 해밀턴시 소재 맥매스터 대학의 정신과 및 행동신경과학과 교수이며, 해밀턴시의 세인트조셉 건강센터 산하 불안치료 및 연구센터의 수석심리학자이자 이사이기도 하다. 안토니 박사는 임상심리학회(미국심리학회 산하)와 캐나다 심리학회, 미국 불안장애협회의 조기 경력상을 수상했으며, 미국 캐나다 심리학회의 회원이다. 또한 발전행동 치료학회 산하 불안장애학회(AABT: Association for Adavancement of Behavior Therapy)의 회장이었으며, 불안장애학회 연차학술대회 프로그램 의장이었다. 그는 불안장애의 임상연구에 적극적으로 관여하면서 임상현장에서 계속 일하고 있다. 홈페이지는 www.martinantony.com이다.

랜디 맥케이브(Randi McCabe)

캐나다 맥매스터 대학의 정신과 및 행동신경과학과의 조교수이면서 건강과학과의 임상행동과학 프로그램 의장이다. 그녀 역시 해밀턴시의 세인트조셉 건강센터의 불안치료 및 연구센터의 부이사이다. 『신경성 과식증 극복: 한걸음 한 걸음 인지행동 워크북(Overcoming Bulimia: A Step-by-Step Cognitive Behavioral Workbook)』의 주저자이다. 맥케이브 박사는 『임상심리학자(The Clinical Psychologist)』의 편집인이며, AABT의 연차학술대회의 부의장이었다. 그녀는 교육과 임상 연구에 적극적으로 활동하는 동시에 개인 치료실을 운영하고 있다.

옮긴이 소개

전미애

부산대학교를 졸업한 후, 대구대학교에서 임상 및 상담 심리학 전공으로 석사학위를 받았고, 영남대학교에서 심리학 박사학위를 받았다(논문: 정서조절을 위한 Mindfulness-Based Cognitive Therapy의 치료적 과정). 안양시 청소년 상담센터 및 심리상담센터 공간과 자유에서 2005년부터 2012년까지 다양한 임상경험을 쌓았고, 영남대학교 학생상담센터에서 선임연구원을 역임하며 심리학과에서 강의를 했다. 2012년부터 2016년까지 캐나다 캘거리대학교 심리학과에서 방문학자로 활동하며 연구와 개인 및 집단 상담을 수행했다. 온타리오주의 공인 심리치료사로서 알코올 및 약물 중독 재활센터에서 일했고, 현재 토론토시의 청소년 상담 기관에서 심리치료사로 일하면서, 개인 상담실 운영을 겸하고 있다. 한국에서는 임상심리전문가, 상담심리전문가, 인지행동치료전문가, 명상치유 전문가 등의 자격을 소지하고 있다.